松沢成文 著
Matsuzawa Shigefumi

実践ザ・ローカル・マニフェスト

東信堂

まえがき

金権選挙、タレント候補、利益誘導、官僚支配、派閥政治……。日本の選挙や政治の後進性が言われて久しい。この古い政治体質を何とかして変革したい。これが私の政治家としての長年の大命題である。

平成一五年四月の統一地方選挙に、私は衆議院議員を辞職し、神奈川県知事選挙に立候補する決断をした。

政治を変えるには、その出発点である選挙から変えなければ駄目だ。そのために私は「ローカル・マニフェスト」(地方政治におけるマニフェストの実践)に挑戦することを思い立ったのだ。

マニフェストには、日本の政治を主権者＝有権者本位の政治、政策中心の政治に変えていこうという大きな目標がある。まず、選挙を政策中心の選挙に変革し、有権者に政策を選択する機会をつくるのである。

これまでの選挙はとても政策中心と言えるものではなく、大きな選挙で勝つためには、潤沢な選挙資金、強大な組織の支援、抜群の知名度などが必要条件であった。しかし、それではいつまでたっても政治は政策で動いていかない。政治が政策で動くためには、何か新しい仕組みをつくらなければいけないと思った。そこで考えたのが、マニフェストである。日本の政治を変えたいという一心で、それまで誰も実行したことがないマニフェスト選挙を実践したのである。

しかし、マニフェストは決して「選挙に勝つための道具」ではない。むしろ重要なのは、選挙で信任を受けた後に「政策を実行し、評価を受けるための仕組み」であるということだ。これができて初めて「マニフェスト・サイクル」が確立し、政策中心の本物の民主政治が創造されていくのである。

マニフェストの本質とは何か。一言で答えるとすれば、私は「政策の情報公開」と言いたい。これまでの日本の選挙では、スローガンや願望が叫ばれるのみで、数値目標や手法が明示された具体的な政策が提示されることは、ほとんどなかった。つまり、選挙時に、政策の情報公開がなかったのである。そして、選挙後も、政策は一部の政治・行政関係者のみで決定され、その形成過程、実行過程が公開されてこなかった。したがって、有権者が政策の実行内容をチェックしようにも、それは不可能であったと言ってよい。これでは、有権者本位の民主政治が進展するはずがない。

マニフェストは、具体的政策を選挙でも、政治・行政の実行過程でも、すべて情報公開して、主権者である有権者の評価・チェックを受けながら進めていくという仕組みなのである。マニフェストを導入すれば、日本の政治はバラ色に変わるとは言わない。しかし、マニフェストはうまく運用すれば、日本の政治を大きく変革する可能性を秘めた新しいシステムであることは確実である。

本書は、どこにも先例がない「ローカル・マニフェスト」の作成、選挙、実行、評価という各ステップを手探りで一つ一つ扉を開けながら進めてきた、私のマニフェスト実践の記録である。マニフェストとは何かを勉強するところから始まり、マニフェストの作成過程、初めてのマニフェスト選挙、マニフェストに盛られた政策の実行、そして一年目の進捗評価など、この二年間の実践の中で困惑したこと、成功したこと、失敗したこと、そして新たに発見したことを、冷静に振り返りつつ、努めて客観的な「ローカル・マニフェスト論」として書き記したつもりである。

「ローカル・マニフェスト」には、これまで実践例がないだけに、本書は、これからマニフェストを作って選挙に挑戦しようとする方には、実践記録として参考にしていただけるものと思う。同時に、マニフェストによって日本の政治、行政をどのように改革していこうとしているのかという私のビジョンをご理解いただければ望外の喜びである。

最後になるが、私のマニフェストの作成を支援してくださったチームをはじめ、政策の実行に努めてくれている県職員、進捗評価を行っていただいた委員やＮＰＯ関係者、そして、ご議論いただいた県議会議員の方々、こうしたマニフェスト実践に際してご指導いただいた皆々様に、心より感謝申し上げるとともに、今後の県行政を進める上での貴重な糧とし、さらなる県政の発展に生かしていきたいと思う。また、この本をまとめるに当たって、中央大学の礒崎初仁教授や東信堂の下田勝司社長をはじめ、多くの皆様のご協力をいただいた。ここに厚く御礼申し上げる次第である。

平成一七年三月

松沢　成文

目次／実践　ザ・ローカル・マニフェスト

本書ご活用法

◆ローカル・マニフェストのもたらす政治改革について関心のある方
⇒第一章　新たな政治改革の広がりを求めて
⇒第四章　ともに民主政治の「ゲーム」を変えよう

◆ローカル・マニフェストを作ってみたい方、作成に関心のある方
※基本的には全章をお読みいただきたいですが、特に、
⇒第一章　新たな政治改革の広がりを求めて
⇒第二章　実践ローカル・マニフェスト（1　作成編、2　選挙編）
⇒資料　神奈川力《りょく》宣言　マニフェスト（宣言）
⇒資料　関連ウェブサイト集にて情報をお取りください

◆ローカル・マニフェストの政策実践（行政計画での実現）に関心のある方
⇒第二章　実践ローカル・マニフェスト（3　政策実行編）
⇒資料　関連ウェブサイト集にて情報をお取りください

◆ローカル・マニフェストの評価をしてみたい方、評価に関心のある方
⇒第二章　実践ローカル・マニフェスト（4　進捗評価編）

◆ローカル・マニフェストによる政策の実践に関心がある方
⇒第三章　政策実践実例
※「首都圏連合」「地域経済」「治安回復」のそれぞれに興味
　があるパートをお読みください。

◆ローカル・マニフェストの推進、推進運動に関心のある方
⇒第四章　ともに民主政治の「ゲーム」を変えよう
⇒資料　関連ウェブサイト集にて情報をお取りください

実践　ザ・ローカル・マニフェスト

第一章　新たな政治改革の広がりを求めて

――マニフェストにかけたロマン

本章では、日本で初めてローカル・マニフェストを掲げて選挙を戦うに至った私自身の政治姿勢や、マニフェストを通じていかなる政治を実現したいと考えているかという「ビジョン」を紹介しておきたい。後で述べるように、マニフェストは、政策中心の選挙、政治、行政を実現するための一つの「ツール(道具)」である。マニフェストという道具を生かすも殺すも、それを使う政治家の志や行動にかかっていると言っても過言ではない。

これから有権者の皆さんがマニフェストの是非を判断する時には、マニフェストの背景にある政治家の夢やロマンをぜひとも読み取っていただきたい。

1　マニフェストとは何か？

「マニフェスト」とは、選挙の際に、当選後に実現する政策を具体的に表した「公約」である。「政策綱領」「政権公約」と呼ばれたりするものだ。従来の選挙公約と異なるのは、マニフェストが、数値目標を含めた具体的な政策集であるということである。個々の政策には、具体的な目標、実現の方法、実現の期限、財源などが盛り込まれる。例えば、何年間で犯罪の発生率を何パーセントまで減らす、そのためにはどんな方法で、あるいは財源はどこから持ってきて政策を実現するかを明記した、極めて具体的な政策集である。まさに有権者と候補者や政党との間の、「明確な約束」となるものである。言い換えれば、当選後に、その実現状況が「検証可能な約束」である。

守られない公約

これまでの選挙公約は、何を実現するのか分からないような抽象的なスローガンであったり、総花的な「ウィッシュ・リスト(願望集)」であったと言っても過言でない。公約を見て候補者や政党を選択できるような代物ではなかった。選挙公報を見ても、例えば「行政改革を進めます」「豊かな福祉社会をつくります」「活力ある産業社会を実現します」といった表現ばかりで、これではあまりに抽象的で誰も反対できるものではない。ところが、候補者に、「あなたは知事になって任期の四年間で、具体的に何を目指してどういう方法でその目的を達成するんですか」と聞くと、「いやそれは知事になってからよく勉強して考えます」と言うのが常であった。「選挙は選挙、後のことは当選してから」では、有権者が求める政策が、選挙を通じて政治につながっていかない。

そもそも、「公約が守れないことなどは大したことではない」(平成一五年第一五六回国会)という一国の総理大臣の発言に見られるように、政治家も「公約」は守らなければならないものとは考えていない節がある。そうした風潮であったから、有権者の側にも、「公約」によって候補者や政党を選ぶという意識が希薄になっていたのも無理はなかった。まさに「破ってもいい約束」としての「公約」であったと言わざるを得ない。こうした風潮が、政策中心の選挙を妨げてきた現実がある。それが、政治への不信となり、選挙への無関心を助長してきたのである。

マニフェストが拓く真の民主主義

マニフェストは、「守ることを前提とした具体的な公約」である。選挙を通じた、有権者と候補者や政党の間の政治的な「約束」なのである。遵守を約束した以上は、政権に就いた後は、全力で約束の実現にまい進する。政策の実現度合いなどをきちんと情報提供し、有権者に対する説明責任を果たす。そうした情報公開によって、有権者はマニフェストを掲げた政治家・政党を評価、監視することができる。さらに、約束を果たさなければ、有権者の判断により、次の選挙では落選したり、党は政権の座を明け渡すことにもなる。

このようにマニフェストは、政策中心の選挙と、有権者本位の政治を可能とする「ツール（道具）」である。さらに、選挙以降、政権実現後にも、政治を透明化し、責任ある政権をつくり出す道具にもなる。マニフェストは、政治と有権者をつなぐ「コミュニケーション」の道具であると言ってもいい。マニフェストをきちんと作り、実行する、すなわちまっとうに「約束」を守る政治が実行されることは、必ず政治への信頼回復につながる。有権者にも主権者としての権利を行使する実質的な機会を提供することになる。

2　ローカル・マニフェストって何？

マニフェストは、欧米諸国で実践されてきた歴史あるものだ。その名称はさまざまだが、政権に就いた後にどのような政策を実現するのかを示した具体的公約集として定着している。イギリスは

「マニフェスト先進国」と言われ、一八〇〇年代からマニフェストが政党の公約として普及し、選挙が近づくと、各政党が作成したマニフェストが街角の売店などでも販売される。イギリスの場合には、地方選挙でも基本的には政党を選ぶという選挙の形式をとるため、政党のマニフェストを基本に有権者は選択をすることになる。このように政党が作成するマニフェストを「パーティー（政党）・マニフェスト」と呼ぶ。日本でも平成一五年一一月の総選挙から登場したマニフェストは、「パーティー・マニフェスト」である。

これに対して、自治体の首長が掲げるマニフェストは「ローカル・マニフェスト」と呼ばれる。平成一五年四月の統一地方選で、私を含めた数名の知事候補者が掲げたものがローカル・マニフェストである。すなわち政党ではなく、首長候補自らが当選後に実現する政策を掲げたマニフェストなのである。

こうしたローカル・マニフェストは、政治の歴史の中では、イギリスなどをモデルとするパーティー・マニフェストとは異なる日本独自の新しい概念である。

実際にローカル・マニフェストを用いて選挙を戦うことは、政治における未知のチャレンジであった。すなわち、二年前にローカル・マニフェストに挑戦した時には、マニフェストによってどのように地方政治が変革され、どのような効果を生むのか未知数であったのだ。

3　私がマニフェスト導入に踏み切った背景

しかし振り返ってみると、ローカル・マニフェストとの出会いは、私にとっては必然であったように思う。というのは、政治家としての私の信念は「政治改革の実現」に尽きると言っても過言ではないからだ。そうした志が、政治改革を実現するツールであるマニフェストに出会った時、直感的に「これだ!」とチャレンジに踏み切らせたのである。ここでは、私がどのような政治改革を志向し、ローカル・マニフェストの先にどのような政治を描いていたかを述べておきたい。

マニフェスト自体は、政策中心、有権者本位の政治を実現するための道具である。道具は、志や目的、ビジョンがない限りはただの道具でしかなく、そこに掲げられた政策は「絵に描いた餅」になってしまう。道具としてのマニフェストを生かすのも殺すのも、それを掲げる政治家の意志と行動次第なのである。改革の志なきマニフェストは、単なるポピュリズム(大衆迎合路線)に陥りかねない。改革の志なきマニフェストは「真似フェスト」だという人がいる。言葉は悪いかもしれないが、私も同感である。

政治改革を目指す

平成五年に、宮沢内閣の不信任案可決により衆議院が解散され、総選挙が行われることになった。当時県議会議員を務めていた私は、国会に進出し、国の改革に身を投じようと決意したのである。当時は、選挙があるたびに、ほとんどの候補者たちが、「政治改革」を公約に掲げていた。しかし、ひとたび国会議員になってしまうと、「いろいろ理由があって難しい」とできない言い訳に終始する。こんなことでは日本の再生はできない、この国が駄目になってしまうと真剣に考えた。同じ人が国会議員に選ばれ続けたら、永久に政治改革は進まない。国会議員が入れ替わらなければならない。国会議員を替えるためには、新人が出て行かなければ駄目だ。それならば、自分が出ようと決断したのである。今思えば、ずいぶん単純というか、無謀な決断だったようにも思う。

私は、大学時代から政治に興味があった。大学も法学部政治学科に進み、政党や代議士の学生ボランティアも経験した。卒業後、松下政経塾で、「現地現場主義」のモットーにより、政治や行政の現場から政策を構想する訓練を続けた。

そこで、昭和五九年から六〇年にかけて、民主政治の先進国であるアメリカの新しい民主政治を徹底して見てみようと米国に渡り、女性代議士ベバリー・バイロン連邦下院議員の下で、スタッフとして働き、選挙や政治の現場を勉強させていただいた。この時、私は「日本でもこういう有権者本位の本物の民主政治をつくってみたい」という夢を抱いた。（拙著『この目で見たアメリカ連邦議員選挙』中公新書、一九八六年、参照）

帰国後の昭和六二年に、神奈川県議会議員に無所属で立候補し、県議を二期六年間務めた。その二期目の途中、三五歳の時に、代議士に挑戦した。しかし、県議に立候補する際にも、そして国政に挑戦する時も「地盤、看板、カバンなし」、とにかくあるものは自分の政治改革への熱い思いだけだった。毎朝、小田急線の駅頭に立って、そしていくつもの集会を回って、自分の信念と政策を訴え続けた。これは、国会挑戦の時も同じだった。さらに広い選挙区を、無我夢中で走り回り、政見を訴え続けた。

選択のできる政治——二大政党を目指して

この時は、新党ブームの選挙であり、私は「新生党」公認で立候補し、運良く初挑戦で衆議院議員に当選することができた。そのころ、政界再編の渦の中で、国会は目まぐるしい混乱状況だった。最初は、細川連立政権が誕生して、私たちは与党だったが、やがて「自社さ政権」ができて、野党に下った。それ以後、私たちは「新進党」をつくり、「民政党」を形成した。そして、本格的な二大政党を実現しようと「民主党」を結成した。

目まぐるしいまでの政界再編の渦の中で、私の国会での活動は、政治改革の模索と挑戦であった。国民・有権者に信頼される「政党のかたち」を懸命に探し求め、その姿を有権者に問いたいと思っていた。そうした中、政党自体の改革を訴えて、諸先輩に対しても臆することなく、ずいぶんと物申してきた。その象徴的な挑戦が、平成一一年一月の第二回民主党大会での、党代表選挙への立候補だった。当時の菅直人党首への挑戦だ。一八〇票対五一票で敗れはしたものの、立候補のねらいは達成できたと思う。すなわち、代表選挙に立候補し自ら選択肢を提示し、「開かれた党」としての民主党のビジョンを多くの有権者に伝えることができたからだ。公党の代表は、やはり国民の前にオープンな選挙によって選ばれるべきで、密室での談合や調整で決められるべきではないというのが私の信念であった。

選挙というのは、「選択」を意味する。有権者に選択肢を提示し、有権者の判断により選んでいただく。これほど当たり前の政治が、これまでの日本では当たり前ではなくなっていた。そもそも選択肢をつくる時点で、密室の談合が始まり、その選択自体を一部の大物政治家や圧力団体などが国民から奪ってきた。何としてもこうした悪習は変えなければいけない。

この国の政治を政権交代のできる政党体制に変えたいという「二大政党制」のビジョンは、この「選択」の思想による。つまり、総選挙の時に国民にとって政権の選択肢のある政党体制をつくる。きちんと政権を担うことができる複数の政党という選択肢があればこそ、国民による選挙を通して政治へのチェックが利く。自民党に対抗できるしっかりした野党として民主党を育てたいと思ったのである。だからこそ、開かれた党となるため、「選択による政治を」と言い続けてきたわけである。

地方でも必要な政権交代

民主主義の観点からは、党首や代表も、首相や地方の首長も一定の期間を置いて「交代」することが必要なことは言うまでもない。県議会議員の時の経験がそのことを教えてくれたように思う。私が県議の当時、長洲一二知事が神奈川県政を担っていた。長洲知事は、「地方の時代」を提唱し、現在展開されている地方分権の基礎を築いてきた、まさに地方自治の歴史に残る名知事であろう。「地方の時代」「地方が変われば、日本が変わる」といった長洲知事の理念は、私もしっかりと受け継いでいるつもりだ。

その長洲県政の四期目の終盤、長洲知事が五期目に挑戦する時のことだった。共産党以外はオール長洲与党だったので、多くの県議会議員は「五期目は長いのでは」と思いながらも、「本人がやると言っているなら、与党だから応援しよう」というのが大勢だった。私は、その時、「県政会」という無所属の保守系会派に属していた。そうした中で、私は、非礼を顧みず、「多選は駄目だ」と持論を主張させていただいた。その当時、神奈川県庁の内外で、多選による弊害が出始めていると感じていたからだ。どんなに素晴らしい首長やリーダーであっても、同じ人が四期、五期となってきたときには、どうしても政治・行政が停滞して、住民がその被害を被ることになりかねない。

そういう意味で、地方の首長選挙においても、オープンな選択肢の提示によって、有権者が選択でき、一定の期間で政権交代が果たされることが必要なのである。

4　地方からしか日本は変えられない

国会の中で、私は、「政治改革実行」を目指し、「構造改革なくして日本の再生はあり得ない」とスローガンを掲げて議員活動にまい進してきた。小泉総理大臣と通じるところもある。政治改革、郵政事業の民営化、特殊法人の改革・民営化など、一致できる改革は小泉総理とも一緒にやってきた。

ところが、何年やっても、改革が進まない。霞が関の官僚の抵抗、族議員の抵抗があまりにも強く、玉虫色の改革案しか出てこなかったり、あるいは改革が途中で頓挫していく。そうした実態を目の当たりにして、私は、この国を本当に変えるのは、国会からでは難しいのではないかと思い始めた。

国政改革か県政改革か

平成一四年の暮れのころ、私は悩んでいた。

当時、衆議院議員として一〇年目を迎えていた私は、民主党にあって政権交代と国政改革という目標に向けて日々の議員活動にまい進していた。

一方、神奈川県では、当時の岡崎洋知事が二期目の任期満了をもって退任する意向を示しており、後任の知事候補として私の名前を挙げる者もいた。確かに神奈川県は、かつて全国初の情報公開条例を制定したような政策的な先進性が薄れていたし、深刻な財政危機にあえいでいた。当時の岡崎知事はこうした状況に堅実な手法で対応されてきたが、事態はより抜本的な改革を求めているように思われた。神奈川に生まれ育ち、県議会議員の時代を含めて一六年間にわたり神奈川で政治活動をしてきた者として、こうした状況を静観していることは許されないと考え始めていた。

そこで私は、適切な県知事候補者を探してみたが、なかなか適任者が見つからない。このまま適任者が見つからない場合、最終的には私自身が立候補するべきか。しかし、政権交代と国政改革は道半ばであり、これを断念することもできない。そうした選択肢の間で悩んでいたのである。

改革派知事の登場

目を地方に転じれば、ここ一〇年くらいで、極めて新しいタイプの知事が誕生してきている。橋本大二郎高知県知事に始まって、北川正恭三重県知事、石原慎太郎東京都知事、少し趣は違うが、田中康夫長野県知事。このほか、現役の官僚の職を投げ打って知事に転じてきた浅野史郎宮城県知事、増田寛也岩手県知事、片山善博鳥取県知事、彼らもこれまでの官僚ＯＢの知事とは一味も二味も違う。

こうした新しいタイプの知事が既存の知事と何が違うかと言うと、まず、自分の意志をしっかりと持っているということだ。選挙においても他人に「おみこし」をつくってもらって、「絶対勝てる、だから出てくれ」と言われて立候補したのではない。つまり、「この改革を実現したい」「自分には県民の皆さんと一対一の勝負をして支持を得る自信がある」と言って、自分の志で立候補していることだ。

そして、選挙戦も政党や団体の「おみこし」に乗ってやる選挙ではなくて、県民と直接向かい合って、自分自身の政策を訴え、勝ち上がっている。選挙でのしがらみがないから、知事になった時にダイレクトに自分が考えている大胆な改革ができる。これが、従来の知事との違いの二つ目だ。

国会議員の活動は確かに重要だし、国会も改革にまい進していただきたい。けれども、「今この国を変えていくとしたら、地方からではないか」、次第にそんな思いを抱くようになってきた。日本の歴史を見ても、長く続いて腐敗した中央集権体制が壊れるのは、中央の体制の内側からではなく、必ず地方の勢力が都に攻め上って、古い体制を打ち負かしてきた。室町幕府や江戸幕府の崩壊しかりである。現代でも、明治以来、長く続いてしまった中央集権の官僚国家が、新しい地域主権の活力ある国に変わるためには、地方の知事や市長たちがスクラムを組んで、霞が関と闘って新しい体制をつくるしかない、と考え始めた。

まず、地方において、しっかり根を張った活力ある民主政治をつくり上げる。そして、改革派の知事や市町村長が連合軍をつくって、霞が関や永田町の既得権益と闘って、日本を変えていく。こうしたシナリオの方が効果的であるし、改革のスピードもずっと早いのではないか。「これしかない！」、そんな確信を持つようになってきた。

神奈川から日本を変える

考え抜いて、行き着いた答えは、「県知事選に挑戦し、神奈川を変えることが日本を変えることにつながる」ということだった。国政は、霞が関による官僚主導の仕組みと族議員を巻き込んだ政官業の結合の構造があって、これを国の内部から変えることは至難の業だ。むしろ地方の側から国政改革を求めたり、地方自身が改革を成功させることによって、国政も変わっていくのではないか。地方自治体は一種の大統領制だから、首長が的確な方針を示してリーダーシップを発揮すれば、改革を実行できる。実際に、いわゆる「改革派首長」の取組みは地方を確実に変えていたし、国政にも影響を及ぼすようになっている。

さらに神奈川が持っている可能性、ポテンシャルは高い。研究開発力の高い企業が数多く集積しているし、NPO活動など県民の主体的な活動も広がっている。こうしたポテンシャルを生かすことができれば、神奈川県が抱える多くの難問にも対応できるし、全国に先駆けた取組みを通じて国政に与える影響も大きいはずだ。

このように考えて、神奈川の危機に立ち上がり、神奈川を変えることを通じて国を変えるという決意を固めたのである。

ローカル・マニフェストの呼び掛け

私が神奈川県知事選に出馬する意志を固めつつあったちょうどそのころ、平成一五年一月二四、二五日に三重県四日市市で開かれた「シンポジウム三重」（三重県主催）において、北川三重県知事から「マニフェスト宣言」が出された。私自身は難しい政局の折、シンポジウムには参加できなかったが、私の政策ブレーンの数人がこのシンポジウムに参加し、彼らからの報告を聞きながら、「地方政治改革のツールはマニフェストだ！」と私は直感した。

北川氏の提案は、次のようなものだ。

従来の選挙公約はあれもやります、これもやります式の「ウィッシュ・リスト（願望集）」であったために、選挙は具体的な政策をめぐる選択にならないし、当選後はそれを守ったかどうかを点検されることもないため、本当の民主政治になっていない。英国のように、具体的な数値目標と期限、財源を明記した政策を「マニフェスト」として提示することによって、具体的な政策を争う選挙になるし、政治家は当選後その実現に責任を負うという本当の民主政治が生まれる。

北川氏自身は、すでに次期知事選に出馬しないことを宣言していたが、そのシンポジウムに出席していた知事のうち、統一地方選で改選を迎える増田岩手県知事と片山鳥取県知事は、いずれもマニフェスト作成の難しさを指摘しつつも、来る選挙でマニフェストを作成して出馬することを明言した。

「マニフェスト」を作ろう

平成一五年二月五日、私はいよいよ知事選出馬を決断し、記者会見に臨んだ。その直後に、マニフェスト提唱者の北川知事からも、直接、「マニフェスト選挙をやらないか」との提案を受けた。もちろん腹は決まっていたので「挑戦します」と即答したのである。この時、北川知事の呼び掛けに呼応した改革派首長とともに、私のマニフェスト・チャレンジが始まったのである。

5　マニフェストにかけたロマン

国会議員を目指して決断した時が、私にとって第一の「政治改革チャレンジ」だとすれば、ローカル・マニフェストによる知事選挙出馬の決断は第二の「政治改革チャレンジ」であった。

政党によるパーティー・マニフェストには、イギリスなどのお手本があるが、ローカル・マニフェストは史上初だ。果たして首長選挙で成立するものなのか。有権者は受け入れてくれるだろうか。不安の声も少なからずあった。それでも、私はローカル・マニフェストにチャレンジしてみようと決意した。パイオニア（開拓者）として取り組む価値はあると確信したのである。

私自身、前述したように、アメリカの連邦議会議員事務所のスタッフとして働いた経験からアメリカの選挙については詳しかった。アメリカの選挙では、各候補者が具体的な政策を提示し、これをめぐって厳しいディベートが行われ、有権者がそれぞれの政策を見て選択をするという仕組みになっている。したがって、有権者は当選後の議員の活動にも目を光らせていて、公約が守れなかった場合には次の選挙で責任を問われるという形で動いている。これが民主政治の仕組みであることを身をもって感じたのだ。

これに対して、日本の選挙は政策よりも組織の利害や人物中心で行われている。政策を掲げるべき公約は、「老後も安心して暮らせる福祉社会をつくります」「活力ある産業を育成します」というように抽象的なスローガンか、「高速道路を造ります」「市民文化ホールを建設します」というように利益誘導型の約束を並べるものになっている。その結果、当選後は公約を守ったかどうかを検証することができないし、できたとしても「努力したが、時間がなかった、予算がなかった」と言って済ませられてしまう。これでは政治責任はないに等しい。

政策中心の選挙を通じて、有権者が選択できる政治を実現するのが私の夢であり目標だ。マニフェストはそのための第一歩なのだ。マニフェストによって有権者も政治的な眼力を磨き、政治・行政は透明化し、政治家は責任を果たすことになるだろう。

ローカル・マニフェストの実績から、やがて本格的なパーティー・マニフェストも展開するだろう。そして、地方と国を通じて、政治改革を推し進め、この国に本物の民主主義を実現できる。これが、ローカル・マニフェストにかけた私の夢なのである。

後の章で具体的に述べていくが、ローカル・マニフェストは首長選挙で成立するのかという問いに、私は自信をもって「イエス」と答えることができる。さらにマニフェストが政治改革を進める上で効果があるのかとの問いにも、「イエス」と答えたい。

第二章　実践ローカル・マニフェスト

――骨太のマニフェストを作るために

こうした経緯で、平成一五年春の統一地方選挙の際、私は、日本初のマニフェスト選挙、マニフェスト政治の実践に挑戦することになった。

本章では、この実践経験に基づいて、①マニフェストの作成から、②マニフェストを掲げた選挙、③マニフェストを土台とした政策実践、④そしてマニフェストの進捗評価に至るまでの「マニフェスト・サイクル」を回す中で、私が経験を通して得た実践的ノウハウを紹介する。ローカル・マニフェストの実践過程では、さまざまな苦しみや試行錯誤があった。中には失敗もあった。ここでは、あえてそうした実際の経験を開示していくこととした。今後、マニフェストに挑戦される方には、私の経験を乗り越え、より良いマニフェストを作っていただきたいと願うからである。

1 作成編——マニフェストを作る

本節では、マニフェスト作成のプロセスや方法について述べる。私の場合、マニフェストの作成は、前例がないだけにいろいろな問題や苦労があった。このマニフェストは、三七本の政策について目標、方法、期限、財源を明示したもので、従来の「公約」とは大きく異なるものになった。

(1) ローカル・マニフェストをどう作ったか

政策ブレーンチーム

平成一五年の新年には、知事選への立候補の決意を固めつつあった。もちろん「決意」だけで立候補はできない。私は、県知事選への立候補を決意する前から、さまざまな可能性に備えて、少しずつ神奈川県政の勉強を進めていた。実際に、何人かの有識者や友人には、個別にアドバイスや情報提供をしていただいていた。そこで、立候補の決意をほぼ固めた一月初めには、これらの方々に集まっていただいて、「政策ブレーンチーム」とでもいうべきものを始動させて、政策作りを進めることになった。立候補した場合に掲げる政策について、本格的な検討を始めることにしたのだ。

　メンバーはいずれも、ボランティアで私を支援しようと集まってくれた方々であり、当初は固定したものではなかった。最後まで参加していただいたメンバーは、大学教授二名、シンクタンク研究員三名、会社経営者一名、選挙プランナー一名の七名ほどで、一回でも参加してくれた方を含めると二〇名近くになったと思う。もちろん、私は毎回出席し、自分の考えや提案をぶつけた。

　政治家が政策を掲げる場合には、さまざまな方からアドバイスをいただきながら練り上げていく。政治家と少数の秘書だけで政策を作ると情報が限られるし、独り善がりの政策になりがちだ。しかも今回は、神奈川県政全体にわたる政策を掲げるわけだから、政策の範囲はこれまで経験したことのない広さに及ぶ。全体を通して整合性のある政策を作るためにもチームで検討する必要があると考えたのである。もちろん、政策作りに当たっては、私が日ごろ取り組んでいる政策や問題意識が中核になるし、最後の採否の判断は私自身が行う。

　今回の政策ブレーンチームは、急なスタートだったが、メンバーの日程が合いやすい早朝に都内に集まることとし、一月末までには四〜五回のミーティングを開くことができた。そして一月末には、立候補した場合の政策の骨格はほぼ出来上がろうとしていた。

マニフェスト選挙への懸念と決意

その段階で、新たにマニフェストの話が持ち上がったわけである。

私は、一月末のミーティングの中で「北川知事の提唱するマニフェストを私も掲げて県知事選を戦いたいと思うが、どうだろうか」と相談した。

メンバーからは、懸念の声が多かった。賛成意見もあったが、「マニフェストといっても、どんなものか分からない」「有権者には、細かい政策より分かりやすい政策を示した方が関心を持ってもらえるのではないか」「短期間で不十分なものを作って、後で自分の首を絞めることになるのではないか」「自治体の場合は国の財政制度の下で動いているから、財源を明記することは難しい」といった疑問が出された。総じて、知事選では有力な候補者なのだから、あえて無理をする必要はない、という反応だった。

そこで、私は次のようなことを話した。

確かにマニフェストを作るといっても、日本ではモデルがないから難しいし、時間がかかるかもしれない。しかし、私は今度の選挙は今までとは違うやり方をしたい。一つは、無党派でボランティア中心の選挙、選挙費用の全面公開、ホームページ等のＩＴの活用など、キャンペーンのやり方を変えることだ。そしてもう一つが、政策中心の選挙にすることだ。そのためには、マニフェストという新しい形で問い掛けることが必要だ。今度の選挙は、単に勝てればいいというわけではない。私なりの「選挙革命」をしたい。そのためにたとえ選挙で不利になったとしても、私はかまわない。

少し力が入り過ぎたかもしれないが、私には「これは大変なことを始めることになるぞ」という予感があったので、これから一緒に戦うスタッフには私の気持ちを分かってもらいたいと思ったのだ。すると、「候補者がそこまで言うのなら、やってみよう」ということになり、マニフェストを作成するという方針がその場で決まった。

マニフェストの作成といっても、既に政策ブレーンチームで政策の検討を行い、その骨格はほぼ決まりつつあった。白紙の状態から作り始めるわけではない。それぞれの政策について、関係するデータを収集して、今後目指すべき数値目標を設定するとともに、これを実現するために必要な財源や期限を考えていけばよい。時間は限られていたが、不可能な作業ではない。チームでは、データの収集や数値目標の設定などを分野別に分担することにして、作成作業に取り掛かることにした。

二月五日、私は、県庁で記者会見を行い、来る神奈川県知事選挙に立候補することを正式に表明した。併せて、総合月刊誌『ＶＯＩＣＥ』三月号で「『神奈川維新』への挑戦」を発表し、立候補に至った気持ちと私の政策方針を明らかにした。

さらに二月一三日には、政策ブレーンチームで検討してきた主な政策を一〇本にまとめた「主要政策・ＴＲＹ10（トライテン）」を発表するとともに、今後この政策を具体化して、数値目標・期限・財源付きの「マニフェスト」として提示することを表明した。この時は、三月上旬にはマニフェストを発表したいと思っていた。およそ一カ月の期間しかなかったので、早朝の会議を頻繁に開いた。深夜に及ぶ議論もしばしばあった。メンバーは、まさに不眠不休の状態で、作成作業を進めていた。しかし、予想以上に作業に時間を要し、実際にマニフェストを提示できたのは三月一七日だった。

モデルなきマニフェスト

マニフェストを作成するといっても、その形式やまとめ方は私にも分からなかった。

そこで、まず提案した北川氏に連絡を取って聞いてみた。北川氏とは衆議院議員時代に同じ新進党に属する国会議員として親交があった。北川氏は、私が神奈川県知事選への出馬に当たりマニフェストを作成することを大変喜んでくれて、北川氏自身が応援してくれることを約束してくれた。ただ、私から「マニフェストのモデルはないでしょうか」と聞いたところ、「マニフェストにはモデルはない。君が『松沢モデル』を作ってみてほしい」ということだった。

また、マニフェストのモデルとして取り上げられることの多い英国の労働党のマニフェスト（一九九七年国政選挙用）も入手して一読した。なるほど具体的な政策が示されているが、国政レベルの政策だけにかなり包括的な内容であるし、それぞれの政策をどう実現するかという「方法」が記載されていないなど、これだけではきめ細かさに欠けるように思われた。北川氏の言うように、日本の自治体に合致するようなモデルはないというのが実情だった。

そこで、松下政経塾時代からご指導いただいている福岡政行教授（白鴎大学・立命館大学）にお願いして、政策ブレーンチームの中心メンバーと一緒に、マニフェストの作り方についてレクチャーを受けることになった。福岡教授の話は具体的なものであり、例えば神奈川が他の都道府県と比較して何が遅れているかを把握して、それを克服できるような数値目標を立てるとよい、といったポイントをいくつか示していただいた。このレクチャーによって、これから行うべき作業のイメージができたように思う。

なお、このレクチャーの中で、「マニフェストとカタカナで呼んでもなじめないので、日本語にするとすればどういう言葉になるでしょうか」と相談してみた。すると、福岡教授は、manifesto とは「宣言する」という意味だから、「政策宣言」とでも訳せるのではないかということだった。私が提示したものが「マニフェスト（政策宣言）」となっているのは、この助言によるものだ。その後、政党のマニフェストは「政権公約」という訳語が使われることが多くなっている。

マニフェストの基礎になった「主要政策・ＴＲＹ10」

マニフェスト作成に着手する際には、二月一三日に公表した「主要政策・ＴＲＹ10（トライテン）」があったから、マニフェストの政策はこれをベースにして作成することになった。「ＴＲＹ10」に盛り込まれた政策は次の一〇本であり、それぞれの柱に三、四本の施策を示すという形になっている。

「主要政策・ＴＲＹ10」の骨子

①「地方分権」と「首都圏連合」で、神奈川から日本を再生します。
②県民投票制度や知事多選禁止を定める「自治基本条例」を提案します。
③民間の力と発想で「財政再建」と「県庁改革」を実行します。
④子どもの目に輝きを取り戻す「教育改革」を実行し、「教育立県」を目指します。
⑤〝生きた英語〟を身につける「英語学習フロンティア構想」を実行します。

⑥「新しい環境税」を提案し、「水源の森林（もり）づくり」を進めます。
⑦「羽田の国際化」と「京浜臨海部の再生」で景気回復を図ります。
⑧起業家支援によって、「二一世紀型産業」を育て、身近な雇用をつくります。
⑨「子育て世代の応援」と二つの「待機者」解消で、生活の〝元気〟を支えます。
⑩災害、犯罪に強い「安全・安心な地域社会」をつくります。

これを見ても分かるとおり、首都圏連合、自治基本条例、水源の森林づくり、京浜臨海部再生など、マニフェストの主要な政策はこの「ＴＲＹ10」の時点で描いていたものである。「ＴＲＹ10」はあくまで政策のエッセンスを提示したものだ。また、同時に、この主要政策を示すことによって、有権者からの政策ニーズの反応を取りたいという趣旨も含めていた。実際、この「ＴＲＹ10」に対する意見が、ホームページを通して、あるいは後援会事務所や国会の私の事務所に入り始めた。また、支援者との協議の場でも、いくつもの提案をいただいた。

こうした意見や提案も、作成に入っていたマニフェストに盛り込めるものは追加していった。例えば、水源環境税について好意的なご意見が多かったこと、公務員の人件費削減を求める声が多かったこと、教育問題に力を入れるべきだというご意見が多かったことなどは、マニフェストの内容にも反映していった。確かに、作成にかけられた期間が短かったこともあり、マニフェスト作成に当たって、県民の方々から意見募集を行うなどの十分な参加の機会を確保できなかったが、さまざまな機会を通じて、その意向を把握し、反映させる努力をした。

これらの政策を三〇本余の政策に再編成し直すとともに、それぞれについて政策目標、実現方法、期限、財源を設定していくという作業を行ったわけである。

それでは、実際のマニフェスト作りでは、どういう作業を行ったか、振り返ってみよう。

第一ステップ：基本理念・政策方針の検討

第一段階は、基本理念や政策方針を検討することである。

マニフェストといっても、最初から細かい数値目標や方法を検討することはできない。まずその自治体をどういう自治体にしていこうとするか、あるいはどういう地域づくりを進めるかを考え、適切な言葉(コンセプト)にしておく必要がある。こうした基本理念・コンセプトがマニフェストの基本に据わって初めて体系的な政策作りができるし、個々の政策が相互につながりを持つようになる。また、政策間の優先順位も付けることができる。「あれかこれか」の選択を行うには、判断の基礎になる理念や価値観がなければならないのである。

私の場合は、前述のように既に「主要政策・TRY10」を作成しており、その過程で基本コンセプトや打ち出すべき方針はほぼ固まっていたから、この際の議論を基に基本理念や方針を整理することになった。すなわち、まず「三つの基本方向」として、①「生活者本位の県政」、②「地域主権の県政」、③「二一世紀を拓く県政」というコンセプトをつくるとともに、「五つの〝日本一〟目標」として、①NPO日本一、②ベンチャー日本一、③水源環境日本一、④子育て・教育日本一、⑤暮らし安全日本一、という基本目標を掲げることとした。

これらは議論の過程で出てきた考え方のうち、共有化できたものをまとめたもので、それぞれ三七本の政策につながっている。基礎になる考え方は示しているつもりだが、既に『VOICE』論文で私の考えを述べていたことや、マニフェストとしては具体的な政策内容が重要だという意識があって、総論の記述は極めて簡潔なものにとどめている。そこで、私のマニフェストには基本理念がない、体系性に欠けるといった指摘がなされることがある。その点では、マニフェスト自体にももう少し基本理念や方針を書き込んだ方がよかったのではないかと考えている。

第二ステップ：政策指標の選定

第二段階は、政策指標を調査し、選び出すことである。

政策方針が決まったら、それに関連するデータを調べ、「数値目標」にできる指標を設定する。例えば、県内NPOを支援するという政策であれば、「NPO法人の数」というデータが全国の統計として把握できるので、「人口一〇〇万人当たりのNPO法人数」を増やすという「数値目標」を立てることができる。

もちろん、NPOには法人格を有しないNPOも少なくないし、法人数が多いからといってその活動が活発であるとは限らないから、「NPO法人の数」という指標は、NPO活動の状況を示す指標(バロメーター)の一つにすぎない。ほかに「NPO参加者の数」「NPO活動の延べ日数」「NPOの財政規模」などの指標が考えられるが、そうしたデータは整備されていない。そして、この指標を見ると、神奈川県は人口一〇〇万人当たり三九法人で、全国一一位となっている(日本青年会議所二〇〇二年調査結果)。NPOの活動環境が整い、NPO法人の立ち上げを支援する仕組みができていれば、NPO法人数はおのずと増えていくことが想定できる。仮にNPO活動が盛んなのに、法人数だけが停滞しているとすれば、それはNPO法人の認証を担当する県にPR不足等の問題があることが推測できる。そこで、県のNPO支援政策の目標として、「NPO法人数を倍増し、全国トップクラスにします」という数値目標を掲げたのである(政策6)。

このデータの調査・選択は、ある程度は行政情報に親しんでいないと難しいかもしれない。国や自治体からはいろいろな統計資料が出されているが、どこにどのようなデータがあるか、ある程度の想定ができないとデータ収集だけで時間を要してしまう。われわれのチームには行政経験者もいたので、そうしたメンバーが入手可能な資料を持ち寄ってくれて、短期間で主な資料はほぼ集まった。国や県が出している各種白書など、全部で二〇冊ほどになっただろうか。ほかにインターネットで入手したデータもあった。

その中で、特に役立った資料を挙げるとすれば、総務省刊行の『社会生活統計指標』である。数字ばかりの冊子だが、福祉施設の数など住民生活に身近なデータが都道府県別に掲載されているので、多くの数値目標を考える上の基礎として役に立った。これを見ると、例えば神奈川県は福祉先進県のようなイメージがあるが、保育所や特別養護老人ホームの人口当たりの数は全国最低水準であることが分かる。チームでもその点が話題になり、これを全国平均並みに引き上げることをマニフェストに盛り込むことになったのである。

第三ステップ：数値目標を設定する

第三段階は、政策目標（数値目標）の設定である。

政策指標を選定すると、現在の状況が数値で把握できる。すると今度は、これを将来どこまで改善することを目指すかを検討することになる。例えばＮＰＯ支援については、前述のとおり、現状では人口一〇〇万人当たり三九法人だから、これをどこまで増やしていけるかを考えるのである。従来の増加傾向を伸ばしていけばそれなりの数になるが、それだけでは政策として取り組んだ効果が表れていないことになる。そこで、支援策を強化してどこまで伸ばせるかを検討して目標数値を設定することになる。この場合は、ＮＰＯ法人数を四年間で「倍増する」という目標を立てるとともに、「全国トップクラスにする」という目標を掲げた。絶対数として倍増（すなわち一〇〇万人当たり約八〇法人）を掲げるとともに、相対的な指標として全国トップクラスという目標を定めたのである。

こうした目標設定に当たっては、理想的な目標を掲げるか、それとも実現可能性を重視するかが問題になる。「現状を変えたい」という強い意志を持って政策を打ち出すとすれば、理想的な目標を掲げてそれに向けて挑戦するという姿勢が重要になるが、そうかといって、実現可能性を軽視すると、有権者との「約束」としてのマニフェストの信頼性が失われる。このバランスをどうとるかが、マニフェスト作成のポイントになる。

逆に言えば、有権者の方々は、マニフェストに掲げられた政策がどこまで現状を変えようとしているか、それとも実現可能性を重視しているかを評価することが求められるのではないか。マニフェストの達成度評価に当たっても、確実に実現できる政策ばかりを掲げて「八〇％実現しました」というよりも、理想的な政策を掲げて「四〇％しか実現しませんでした」という方が価値があるという場合があり得るのだ。ちなみに、私の場合は、新人として県政改革への挑戦を掲げたから、どちらかというと理想的な目標を重視したと言えると思う。そうかといって、達成度が低くてよいとは考えていない。

第四ステップ：実現方法・期限・財源を設定する

第四段階は、この政策目標を実現するための方法や、実現する期限、そのための財源を検討することである。

マニフェストは、しばしば「目標、期限、財源付きの具体的な政策」を示したものと言われていた。私は、目標だけではそれをどう実現するかが分からず、単なる「願望」になりかねないと考え、「実現方法」を追加することにした。例えばＮＰＯ支援策であれば、①ＮＰＯの活動拠点の整備、情報提供等を行う、②ＮＰＯ法人の立ち上げについて相談窓口を整備する、③ＮＰＯとの政策協働を推進する（政策６）、という三つの方法を掲げた。これを見れば、実際にＮＰＯ法人倍増等の目標を実現できるか、ある程度見極めができるし、これらの方法を採らなかった場合には、その理由や経過を説明する責任が生じることになる。政策によっては、年度ごとの取組みを示して、いわゆる「工程表（ロードマップ）」を付けたものもある。

また、期限については、知事としての任期である四年間を原則とした。道州制への転換などの大きな政策については、平成二七年（二〇一五年）までに実現することを目標とし、同時に四年間で「道筋をつくる」ことを定めた。こうした政策は「国のかたち」にかかわる政策だから、実現可能性を見極めることは難しいが、そうかといって、期限がないのでは政策達成度の検証ができないので、四年間で何らかの評価ができるように考慮したのである。

さらに、財源については、よく指摘されるように、現行の財政制度の下では設定することが難しいが、既存の予算規模を継続できることを想定して（実際に県の税収にはやや改善の兆しが見られた）、次の三つの方法を採った。

①同じ分野の既存の事業費を組み替えて対応する。
②新たな支出を要する場合は、他分野の予算（たとえば人件費）を削減して、それを振り替える。
③新たな財源をつくる（森林環境税など）。

ただ、県の税収は毎年変化するし、神奈川県も現在では国からの地方交付税に依存しており、その金額は毎年変わるから、財源の状況を予測することは至難の業だ。特に最近は「三位一体改革」など、地方の税財政制度自体が大きく変わってくるので、さらに見通しが立てにくい状況になっている。そうかといって、財源が示されないのでは、その政策の実行にどの程度の財政負担を要するのか分からないし、どう財源を確保するかについて作成の時点で考えられる手だてを示しておくことは有益だろう。「財源」は、そうした不確実さを持つものであることを自覚して示す必要があると思う。

もちろん、今後、自前の財源を中心に自治体を運営できるようになれば、この点は改善するのであって、その意味でも税源移譲を進めることが重要である。

第五ステップ：分かりやすい表現にまとめる

第五段階は、マニフェスト全体について、県民の方々にとって分かりやすいものになるよう表現を整理することである。

政策の具体性を重視するあまり、マニフェスト全体が分厚いものになって有権者の方々が手に取るのをためらうようでは意味がない。また、字の太さ・大きさの工夫や、図表・イラストの利用なども重要な点だ。

私のマニフェストでは、それぞれの政策の「要旨」を三〜六行程度にまとめて四角囲みで示すことにより、これを読むだけで一応の内容が理解できるようにした。また、目標、方法、期限、財源の四つを共通項目として提示することにし、各政策について必ず一つは図表またはイラストを付けて視覚的に理解できるようにした。もっとも、資金的にも時間的にも専門のデザイナーに構成してもらうことはできなかったので、手作りの域を出ないものであるが、金を掛けない選挙を目指すということからも、手作りの感触が出たことはよかったのかもしれない。このように細かな点だが、できるだけ多くの有権者の方々に手に取っていただき、読んでいただけるよう工夫することは当然だろう。

(2)　政策を練り上げるポイント

マニフェストを作成するステップは前述のとおりであるが、マニフェストに掲げる政策を作る過程でいくつかの政策形成の課題が明らかになってきた。ここでは、政策形成のポイントとともに、難しさや失敗例もあえて開示し、今後、マニフェストに取り組む皆様の参考としていただきたい。

ＮＰＯや県民に学んだ政策

マニフェストに掲げる政策は、分かりやすさも考慮して、当初は三〇本程度を予定していたが、最終的には政策は三七本となった。これらの政策を作る上では、事前の政策研究や政策ブレーンチームでの検討を行ったが、ほかにも重要なポイントがあった。すなわち、地域の現場を巡り地域を知ること、人と出会うことである。

私は、選挙戦に入る前から、神奈川県が直面している課題を把握するために、国会活動の合間を縫って県内を巡り、社会問題の現場を訪れ、商店主や工場主、お年寄りや若者、障害のある方など、できる限り直接県民の皆様にお会いしてお話を聴く機会を持つようスケジュールを組んだ。同時に、先進的と言われる全国の政策も調査した。全国各地の先進自治体では、霞が関の官僚が作った机上の政策ではなく、まさに「地に足が着いた」政策が多数実践されていることに感動を覚えることもしばしばあった。政策研究を進める中で、「地方から日本を変える」という実質的な潮流が、全国各地から確かに動き出していることを実感した。

県内でも、斬新な政策実践や提案にいくつも出会った。そうした中で、鮮烈な印象を持ったのが、生活現場の第一線で社会問題に取り組んでいるＮＰＯや市民活動団体の人たちとの出会いだ。これこそ神奈川の「地域の力」であると実感した。今や、公共サービスの仕事は行政だけの独占物ではないのだと、身をもって知らされた。NPOは新たな公共サービスの担い手なのだ。

例えば、マニフェストの暴走族根絶条例（政策36）は、暴走族の追放運動に取り組んでいる鎌倉のNPOのリーダーからアイデアをいただいたものだ。

神奈川県は暴走族が多い県の一つだ。暴走族は、道路交通の安全や県民の静かな生活を妨げるだけでなく、青少年の非行や犯罪、さらには暴力団とのつながりを生む原因になっている。ところが、全国の二〇〇近い自治体で暴走族の追放や根絶を定めた条例が作られているが、実は神奈川県内には県を含めてこの条例が全く制定されていない。この事実は、そのNPOのリーダーから聞かされて初めて知ったのだ。彼によると、最近全国で制定されている条例には、バイク業者のバイク改造に対する規制なども盛り込まれていて、かなり効果が上がっているという。彼らが丹念に集められていた資料もいただいた。

そこで、県知事選挙に立候補することを決めた時、この政策はぜひ早期に実現したいと考えて、マニフェストに盛り込んだものだ。

なお、この暴走族根絶条例は、就任から八カ月後の平成一五年一二月に暴走族追放促進条例として制定することができた。

また、水源の森林づくり(政策23)も、NPOの活動に勇気づけられて盛り込んだ面がある。

国会議員の時代に、県の北部に位置する津久井地域に行く用件があって、県民の水がめである相模湖に立ち寄ったことがある。そこで、この水源の森林を守ろうと、毎週末、多くの人が集まって森林を再生させるボランティア活動を実践しているNPOの方々に出会った。横浜や川崎から来ているボランティアの方もいるという。現地でそれまでの活動などもお聞きした。

その熱心な取組みに、県としてももっと力を入れていかなければならないと痛感したし、水源を守るということは行政だけでできることではなく、こうした市民の方々と連携することが不可欠だとつくづく感じた。そのためには、市民の理解と協力を得られるような方法で水源づくりに取り組まなければならない。

既に神奈川県が水源の森林づくりに取り組んでいることは承知していたが、さらに取組みを強化しなければならないし、実施に当たってはボランティア、NPOとの連携が不可欠だと考えて、その点を強調する形でマニフェストに盛り込んだ。森林づくりの恩恵を受ける県民の方々に広く税の負担をいただいて、水源地の保全に重点的に取り組むことが重要だと考えて、森林環境税の導入もマニフェストに盛り込んだのである(政策25)。

私のマニフェストについては、県民の意見を聴かないで作ったという指摘もある。確かに短期間での作業だったため、マニフェストを作るに当たってご意見・ご提案を公開で募集しますという形をとることはできなかったが、政治家として日々県民に接している中から学んだり、地域を巡ることで発想を得たものは少なくないのである。地域の現場を回ることで、まさに神奈川を再発見したというのが実感だった。

政治判断が求められた政策

政策の中には政治的、政策的な判断が求められるものも少なくなかった。

最も判断が難しかった政策の一つは、前述の森林環境税の導入だ。これについて、議論の末、政策ブレーンチームは「導入すべきだ」ということで一致した。県内の水源や森林環境は年々荒れていたが、これを守ることは広域自治体としての県の役割だ。水源や森林環境を本格的に守ろうとすれば、相当額の新規財源が必要になる。その負担を、受益者である県民に広く薄く求めるのは筋の通った政策だ。県民に耳触りのよい政策だけでなく、負担増という「痛み」を伴う政策こそマニフェストに掲げて有権者の信を問うにふさわしい。また、マニフェストに書いて選挙で信任を得れば当選後これを推進する力となり得る、という意見もあった。

一方、私を支援してくれる地方議員などからは、選挙で新税による負担増という政策は反発を招くし、特に大票田でもある大都市の県民はこれに反対する可能性が高い。マニフェストからは外すか、「検討する」という言い方にとどめるべきだという意見が強かった。

そうした心配は十分理解できたし、ありがたかったが、私としてはたとえ選挙に不利であっても必要な政策は示すべきだと考え、「県民の皆様のご意見を十分に踏まえて」等の留意事項を示しながらも、「森林環境税など新しい環境税を導入する」という政策を掲げることを決断したのである。

そのほか、行政職員の一、五〇〇人削減、住民基本台帳ネットワークの見直しなどの政策も、さまざまな「あつれき」が予想されたから、その内容をよく精査し、最後は私自身の判断で書き込むことにした。

データを読み間違った公共事業の削減

マニフェスト作成に当たり、基礎となるデータを読み間違ったものもある。公共事業の入札改革（政策13）だ。

これは、入札制度の抜本改革によって、「県の公共事業費総額一、四三八億円（平成一四年度当初予算ベース、県単含む）の一割：約一四〇億円の削減が見込まれる」としたものであったが、一四〇億円削減の根拠とした「県の公共事業費総額」は県の予算資料から取ったものだった。これには工事請負費のほか、負担金、補助金、公有財産購入費、委託料などが含まれており、全額が工事費として入札執行するものではないことを承知していなかった。この誤解のため、入札改革による一四〇億円の削減は事実上困難であることが判明した。

この点については、議会においても誤りを認めるとともに、一年目のマニフェストの進捗評価を終えた時期に、「マニフェスト推進上の課題」の一つとして改めて明示し、今後の対応方針を明らかにして、記者発表を行った。

マニフェストを作成するとき、特に新人候補の場合には、十分な政策データを収集することが難しいこともある。また、先ほどの例のように、データの意味を正確に把握できない場合もあるだろう。こうした誤解がないように十分な調査と検討が大切だが、仮に、こうした誤りが判明した場合には、速やかにその事実と対応方針を有権者に説明することが重要である。マニフェストは、まさに政治家に対して説明責任を課すものだからだ。こうした誤りを、今後の教訓にしなければならないと考えている。

(3) マニフェストの完成と公表

平成一五年の二月から三月にかけては、私も立候補を表明した後であり、国会審議の日程の合間を縫って県内を走り回る毎日だった。したがって、このマニフェストの検討作業に時間を割くのは苦しいところだったが、メンバーとは移動時間中に携帯電話でやりとりするなどして、慎重に検討を進めた。

こうして、当初の予定より一〇日ほど遅くなったが、「神奈川力《りょく》宣言　マニフェスト(政策宣言)――神奈川力で日本を動かす」が三月一七日に出来上がった。告示日まで一〇日に迫っていた。当初、三〇本を予定していた政策群は最終的には三七本となった。刷り上がった冊子は三四頁に及んだ。

マニフェストは、記者発表を行い、なるべく多くのマスコミが報道してくれることが重要だ。新聞各社がどれくらい取り上げてくれるか不安はあったが、翌日、地元紙をはじめ、ほぼすべての全国紙(県内版)にマニフェストの骨子を報道していただいた。しかも、各紙はマニフェストの政策内容に至るまでかなり詳細に報道してくれた。これだけでも、これまでの苦労が報われたような気がしたものだ。

また、マニフェストは私のホームページにも掲載した。長文にわたるため、マニフェストの三七本の政策項目を一覧で示し、その項目をクリックすれば詳しい内容が表示されるなど、見やすいものになるよう工夫した。また、読んだその場でメールでご意見を出せるように構成し、双方向のやりとりができる仕組みとした。

さらに、マニフェストを冊子として入手したいという要請が多かったため、冊子を増刷し、街頭演説の場などで、一部一〇〇円で販売することとした。ただし、マニフェストは、公職選挙法との関係から、確認団体としての「神奈川力をつくる会」として発表し、冊子等も同会が販売する形をとった。

※巻末に資料として「神奈川力《りょく》宣言　マニフェスト(政策宣言)――神奈川力で日本を動かす」を掲載してあります。

2 選挙編――マニフェスト選挙をどう戦ったか

実際にマニフェスト選挙を実践してみると、その手応えは予想以上のものがあった。有権者の方々からの反響も大きく、他の知事候補にもマニフェスト作成が波及した。神奈川県知事選は実質的には全国初めての「マニフェスト選挙」になった。

本節では、マニフェスト選挙の実際を振り返ってみたい。

(1) マニフェスト選挙の意味と実際

政策論争のある選挙を

平成一五年の三月下旬に入ると、神奈川県知事選挙はいよいよ本格化した。

自民・公明両党の方々が推薦する候補者、社民党系の方々が支持する候補者、共産党系の方々が推薦する候補者、そして私が立候補を表明し、有力四人と言われていた。過去六回の県知事選挙、つまり、長洲知事の二期目以降の四回の選挙と岡崎知事の二回の選挙は、主要政党の相乗りであり、ほぼ無風の選挙だったから、「二四年ぶりの激戦」と評されることになった。私は、主要政党や利益団体が事前に話し合って候補者を擁立する手法を批判して立候補したので、このように候補者が出ることは県民の選択肢が広がるという意味で歓迎すべきものと考えていた。その上、告示日直前にテレビのバラエティー番組でも有名な田嶋陽子氏(前参議院議員)が立候補を表明し、総勢七人の候補者が立ち、選挙はいよいよ混戦の様相を呈することになった。

今回の選挙は、候補者は多かったが、目立った特定の争点があるわけではなかった。神奈川県は平成一〇年以降財政危機が続いており、大型の公共事業などはほとんど実施していなかったし、今後大型の施策や事業を打ち出す余裕もなかった。また、岡崎知事は八年間手堅く県政を運営されており、目立った失点があるわけでもなかった。現政権の路線を継承するのかどうかも、大きな争点にはならなかったのである。

そうした中で、私は、神奈川の潜在力を生かして県政改革に取り組み、これを通じて国政を変えていくという考え方を打ち出した。「神奈川力《りょく》宣言」とか、「神奈川力《りょく》で日本を変える」というコンセプトがこれである。また、無党派として「しがらみなき改革」を打ち出し、四五歳(当時)の若さで県政に挑戦することを訴えた。こうしたコンセプトやイメージづくりは一定の効果があったと思う。

少しずつ広がったマニフェストへの反響

それらに加えてマニフェストを提示したわけだが、これに対する反響は少しずつだが確実に広がった。

街頭演説でも、実際に「マニフェスト」を手にして示しながら、行政職員一、五〇〇人削減、警察官一、五〇〇人増員などの具体的な政策を訴えると、立ち止まって耳を傾けてくれる方が増えてきた。演説で取り上げることのできる政策は限られているが、具体的な政策を包括的に明らかにしているという姿勢を伝えられたことは強みだった。

また、マニフェストはホームページで公開していたが、やはり冊子が欲しいという声が多く、選挙戦後半にはマニフェストを増刷して一部一〇〇円で街頭演説の会場等で配布したところ、次第に買っていただける方も増えていった。横浜駅周辺の繁華街では、一回の演説で三〇〜四〇部のマニフェストが確実に売れていったし、演説終了後にマニフェストの内容について質問や意見をぶつける有権者も多数現れた。例えば「あなたの教育改革の政策は甘い、もっと教員の質自体を見直さないと改革にならない」と指摘された方もいた。駅前で一生懸命演説していると、そこに何人かの人が集まって来てくれる。中には、ずいぶん若い人もいた。あるいはお年寄りもいた。そうした人たちが、寒空の下、最初から最後まで私の演説を聞いていてくれて、演説が終わると、マニフェストを買って帰ってくれるのを目の当たりにした。私は、神奈川の有権者のレベルの高さを改めて感じたのである。

私はこれまでいくつもの選挙を戦い、多くの有権者とのふれあい・交流を経験してきたが、このように具体的な選挙公約を通じて有権者とのやりとり・意見交換を経験したことはあまりなかった。このマニフェストは、結局約二、〇〇〇部が頒布され、ホームページへのアクセス（閲覧）は六万件を超えた。こうして私がマニフェストを前面に立てた選挙戦を展開したことは、他の候補者やマスコミにも影響を与えたのではないかと思う。

私がマニフェストを提示した後に、私を含めて三候補者が「マニフェスト」を発表した。その中には、森林環境税等に対する賛否に触れられていたり、県職員の人件費抑制に言及されているものもあり、賛否の立場は違っても、私の政策を意識しているように思われた。こうした形で政策の違いが明確になり、県民の判断材料になるとすれば、マニフェストがもたらした重要な変化だと思う。

市民グループの呼び掛けで候補者相互の公開討論会も開催され、政策の違いがより明確になってよかったと思う。

さらに、新聞などマスコミもマニフェストの作成に注目し、財政改革、森林環境税、治安対策などの政策について各候補者にインタビューを行い、その所見を掲載するなど政策内容に踏み込んだ報道をしてくれるようになった。私の場合は、ほとんどがマニフェストで掲げている政策だったから、数値目標を含めて明確に所見を示すことができた。そうした対応を評価していただいたのか、マスコミでしばしば「政策通の松沢」と言われるようになったのは、ありがたいことであった。

こうした手応えがあったことから、私の選挙後半戦は「マニフェストの松沢」「松沢のマニフェスト」をアピールすることが中心になった。

(2)　選挙が変わったという確かな感触

マニフェストがどこまで県知事選挙あるいは私の当選に影響したのか、正直言って正確な分析はできないが、こうした経過を振り返ると、私のマニフェストというよりも、マニフェストという存在そのものが県知事選挙に与えた影響は小さくないと思う。またそれは、政治的な意識の高い神奈川県民だからこそ生まれた結果だったのかもしれない。

今回の知事選には、七人の立候補者が立った。神奈川県知事選挙としては、候補者数が過去最高の激戦となったほか、女性が初めて出馬するなど、有権者に選択肢を与えるという意味でよい結果になった。このうちマニフェストを掲げた候補者は私を含め三人。他の四人は作成を見送ったが、複数の候補者がマニフェストを掲げたという点でもよい選挙になったと思う。

マニフェストの冊子は、他の候補者の選挙対策事務所スタッフも買いに来たという話も聞いている。お互いに、政策で競い合うという新しい選挙の手応えを感じた。

マスコミは、三者のマニフェストの比較記事を掲載し、あるいはマニフェストへの対応そのものを記事として取り上げてくれた。選挙前の世論調査でも「政策・公約が投票の決め手」とする人が五八・〇%に上ったという記事もあった(読売新聞)。

幸い、低落傾向が続いていた投票率も前回の四五・六八%から四八・四四%へ、二・七六ポイントとわずかだが上昇に転じた。平成一五年四月一三日、マニフェストのおかげもあって、私は一、〇四〇、五九四票をいただき、二位の候補者に三六万票を超える差をつけて当選を果たすことができた。

一番印象に残っているのは、選挙結果に対する岡崎前知事のコメントであった。私の勝因を「具体的な政策にあった」(朝日新聞ほか)との分析をいただき、とてもうれしかった。

(3)マニフェスト選挙の障害

ところで、マニフェスト選挙の実施については、公職選挙法の制約が大きな障害となっている。私の場合も、公職選挙法に抵触するという心配があって、マニフェストを自由に配布することができなかった。

まず、選挙告示日前に、知事選挙に立候補する趣旨のことを記して、候補者の名前や顔写真等を刷り込んで配布すると、事前運動とみなされて違法となる。

そこで私の場合は、マニフェストが完成した三月一七日から三月二七日の告示日前までの間は、公職選挙法に詳しい選挙プランナーとも相談しながら、公職選挙法に抵触しないよう細心の注意を払って、「知事選挙」や「立候補」などの言葉は一切使わないで、マニフェストを公表・配布することとした(現在、私のホームページや本書の巻末に掲載しているマニフェストの「県民の皆さまへ」の文面は告示日前のものである)。

次に、選挙期間中は、マニフェストは選挙管理委員会に届け出た「文書図画」ではないので、配布することは違法と解釈されている。

そこで、私の場合は、告示日以降はマニフェストはあくまで確認団体である「神奈川力《りょく》をつくる会」が政治活動の一環として、県政改革への挑戦というテーマで作成したという形をとったのである。県知事選という言葉は一言も出していないし、松沢しげふみの名前も書いていない。これを見た有権者や支持者の方からは、「これでは松沢のマニフェストだということが分からないから、PRにならない」とか、「松沢は責任が持てないから名前を出していないのではないか」といったご指摘をいただいたが、公職選挙法の壁があって出したくても出せなかったのである。

また、冊子としての配布は、候補者のいる街頭演説の会場と選挙事務所に限定して行うこととした。さらに、無料で冊子を配布すると、候補者による寄附に当たる可能性があり、許されない。このため、冊子は印刷費の実費相当ということで、一冊一〇〇円で販売することにした。無料のチラシさえなかなか受け取っていただけないのに、お金を取ってどれだけ手にしていただけるかという不安があったが、この点はむしろ本当に読みたいという人に手にしていただけたし、新しい政治活動のスタイルになったと感じた。

同じく選挙期間中は、ホームページで書き込みや修正することも文書の配布とみなされ、許されないと解されているから、告示日以降はホームページの内容を「凍結」するという不思議な事態になる。このため、県民の方々からいろいろなご意見やご質問をいただいても、その回答や説明をすることもできず、歯がゆい思いをすることになった。

現在の公職選挙法が、文書図画の頒布もしくは掲示による選挙運動を大幅に規制していることは、政策中心の選挙運動の障害になっていることは明らかである。この点については、一昨年の総選挙前に公職選挙法が改正され、国政選挙におけるマニフェスト配布は可能となった。しかし、地方選挙においてはいまだに規制されたままである。国会において一刻も早い改正が望まれるところだ。

3 政策実行編――マニフェストを政策にする

マニフェストを掲げて知事選を勝ち抜いた私は、平成一五年四月二三日、神奈川県知事として初登庁の日を迎えた。いよいよ県知事としての職務が始まるのだが、ここからマニフェストも新たな段階、「政策実行」という段階に入っていくことになる。

(1) 総合計画に昇華させる――県民との約束から県の総合計画へ

マニフェストが首長の方針であれば、当然、その自治体の方針にもならなければならない。有権者からすれば、それが当たり前であろう。しかし、選挙でマニフェストを作成して当選すれば、自動的にそれを方針として自治体全体が動いてくれるかと言うと、そうではない。地方自治は首長と議会の二元代表制であり、首長と有権者の関係は「二元」の片方でしかなく、もう一方に議会がある。さらにマニフェストを実行する職員の協力が不可欠である。議会や職員にマニフェストが自治体の方針であると「認知」してもらうには、その自治体なりの「手続き」を経る必要があるのだ。そして、この二者とマニフェストの関係こそがマニフェスト実行の成否を分けると言っても過言ではない。

首長候補者の選挙公約であるローカル・マニフェストを自治体の方針へと転換する、つまり「昇華させる」手続きとして、最もオーソドックスなものは、マニフェストに示された基本方針や政策を、自治体の「総合計画」に策定し直すという方法である。

自治体は都道府県、市町村にかかわらず、中・長期的に取り組む政策を「総合計画」としてまとめ、自治体運営の道標としている。この「総合計画」は、市町村では地方自治法で策定が義務付けられており、また、都道府県では任意であるが、現在四六団体で策定している。計画の形式・形態は一様ではないが、ほぼ、基本となる中長期構想と合わせて基本計画や実施計画が策定され、政策の方向が示されており、各年度の予算編成の指針としても活用されている。

マニフェストを自治体の方針に転換する「手続き」として、総合計画を策定することのほかには、マニフェストと同じ内容で自治体の行動計画（「アクションプログラム」や「重点戦略」）を定める方法や、計画は定めずに政策ごとに首長が「命令」や「指示」を発するという手法も考えられる。しかし、これは、政策実行に当たって最も重要な要素である「予算」を付ける根拠として弱い。総合計画に比べて根無し草のような心もとなさがある。そこで、私の場合は、「マニフェストを土台に」総合計画を策定するという方法をとった。マニフェストを総合計画に昇華させるのである。

しかし、この総合計画策定の道のりは平坦ではなかった。知事がマニフェストで県政を推進すると言っている一方で、県にはこれまで続いてきた総合計画があり、その方向性の上で県政が進められている。このギャップを克服する過程が計画策定の過程そのものであった。この苦闘については、次節の「職員とローカル・マニフェスト」や「議会とローカル・マニフェスト」において詳しく紹介するが、いずれにしろ、知事就任後約一年間の苦難の作業を経て、マニフェストを土台にした神奈川県の新総合計画「神奈川力《りょく》構想・プロジェクト51」を策定することができた。

(2) 職員とローカル・マニフェスト

マニフェストに戸惑う職員

首長と職員の関係を法的に見ると、「職員は首長の補助機関であって、首長の発する職務上の命令には服従することを要し、その命令の内容を審査したり、不当として拒否し得るものではない」とされている。このような関係は法によるまでもなく、どの自治体にも当然のこととして確立されている常識であろう。私は、この公務員社会の中にマニフェストを持ち込んだ。果たして、神奈川県の職員はマニフェストを、知事の命令であるととらえて忠実に実行してくれるのだろうか。マニフェストは私一人の力で実現できるものではない。職員がマニフェストを理解し、誠心誠意、その政策遂行に当たるかどうかで、結果は大きく異なってくる。

私は知事就任の日、全職員に向けた就任あいさつで次のように述べた。「私は、県民の皆様からこのマニフェストと松沢に支持をいただいて、県庁に送っていただいたと思っています。その意味で、私のマニフェストは、県民の皆さんとの契約文書であり、私の県政の基本指針となるものです。私は、これをしっかり実現する責務を負っています」。私は職員に、新しい知事はマニフェストとともに県民に承認されたのであり、知事が考える県政イコールマニフェストであるということを分かってもらいたかったし、この宣言で職員はマニフェストの実現に自然に協力してくれるものと考えていた。

そして、この就任あいさつに引き続いて開催された幹部会議である「部長会議」で、県庁の幹部職員を前に、「マニフェストにぜひもう一度目を通していただきたい。マニフェストの成就に向けての実施方法や、三七本の政策項目以外に県政の重要課題としてほしいものなど、皆さんからどんどん提案してもらいたい。マニフェストを皆さんと議論しながら、現行の県全体の総合計画に替わる戦略計画に作り上げ、それをしっかりと遂行していく態勢をとりたい」と指示した。

こうした中で、知事就任直後の四月下旬から五月の連休明けまで、「県政概要」について各部局ごとに説明(ブリーフィング)を受けた。そこで、感心もし、頼もしいと思ったのは、もう既に部局の事業概要のほかに「マニフェストの現況」という資料が提出され、マニフェストの政策について現状分析や今後の対応といった部局の考えが整理されていたことだ。

こうしたことがあって、当時、記者会見で、知事就任一カ月後の感想を求められた私は、「思ったより順調に推移していると思います」と答えている。この時、私は、マニフェストは意外と早く受け入れられ、定着するかもしれないと思ったのである。

しかし、それは早計であった。後に知ったのだが、職員は私の宣言や指示を聞いて、「マニフェストは知事の政策であり、職員は金科玉条のごとく受け止めなければならないもの」と考えたり、「このような目標は無理だから知事に思いとどまらせよう」と諫言《かんげん》する覚悟をしたり、「知事が候補者として勝手に県民と約束したものであり、われわれ行政には関係ない」という意識を持ったりと、さまざまだったとのことだ。今までの選挙公約の概念しかなかった職員にとって、マニフェストは、まずは「戸惑い」でしかなかったというのが実態のようだ。

これまで、首長の抽象的な公約については、首長就任後から、職員が時間をかけて内容を具体化していくのが常識だったのだ。いきなり具体的な数値目標を示され、「知事と県民との契約」だと言われても、どう受け止めるのかピンとこないのが当たり前だったのかもしれない。

こうした私と職員のマニフェストに対する意識の隔たりは、程なくして顕在化した。

「約束したのは知事」――マニフェストに対する意識の「ずれ」

五月中旬、部局からの概要説明が終了すると、すぐに新たな総合計画の策定に着手した。私は、既に「マニフェストを土台にして総合計画を作る」という指示を出していたが、そのためには、計画にどこまでマニフェストを取り込むのか、マニフェストでは取り上げていない分野の政策をどうするのか、事務方と考え方の異なる政策をどう調整するのか、そして、計画の形式・形態はどうするのかなど、議論しなければならない事項が山ほどあった。

そうこうしているうちに六月になり、知事就任後、議会と初の論戦となる六月県議会定例会を迎えた。

ここで、私と県議会との関係について少し触れておきたい。私は、二元代表制の地方自治に「与党」「野党」という言葉はふさわしくないと考えているし、まして私は「無党派」であり、「与党」「野党」という区分はないのである。しかし、あえて、神奈川県議会をこの区分で分けると、知事選挙戦の経緯などから、七割以上が「野党」ということになる。したがって、年に四回開催される県議会定例会は、私の政治姿勢を中心に毎回厳しい質問が相次ぎ、徹夜の県議会になったり、地方自治法九八条に基づく検査特別委員会が設置されるなど、県議会史上異例と言われる事態が相次いで起こった。そうした中で、マニフェストやマニフェストを土台にした総合計画の策定は、知事の基本姿勢そのものであり、当然大きな争点となったのである。

六月定例会冒頭に行われる各会派からの代表質問は、マニフェストに関する質問が中心になった。議会(野党)は、私のマニフェストは「変更が相次ぐ未成熟なものだ」、あるいは、私が「マニフェストは五〇%達成できればよい」と発言したことを取り上げ、「県民との約束違反」だという観点からの質問をしてきた。

これに対して、私は、私の考えるマニフェストの基本認識を答えたのであるが、議会に理解・納得はいただけなかった。本当は、マニフェストを土台にした総合計画を実際に提示し、両者の関係を十分説明できればよかったのであるが、知事就任後二カ月の時点では、とても両者の整合を図って一本化することなどできなかったのである。

そして、一本化できていないことは、「マニフェストでいきたい」という私と、従来の計画の方向性や行政の継続性を重視して「ここまでしかできない」という職員との間に生じている「ずれ」が、解消されていないということでもある。常任委員会(知事は出席しない)では、議員からその点を突かれた。常任委員会の初日、議員と職員で次のようなやりとりがあったという、少々衝撃的な報告を受けたのだ。

議員「マニフェストに対する（職員の）認識は？　県民との約束であるということを（職員は）どう考えているのか？」

職員「マニフェストは政治家知事としての県民との約束と受け止めている。私たちは行政の長としての知事からマニフェストに協力いただきたいという指示を受けて、本当にできるのか検討している。総合計画を策定する過程で、議論して精査していきたい。」

議員「政治家・候補者のマニフェストと行政の長・知事のマニフェストは違うのか？　二つを使い分けているが、県民にはそんな意識はない。松沢知事が当選すれば、マニフェストを全部実現してくれると思って投票しているはずで、これでは県民は混乱する。県民との約束と言っても、これは政治家知事がしたことだから、職員は関与しないよという感じを持った。それでいいのか？」

職員「マニフェストを初めて扱っているので、正直戸惑いながら、議論しながらやっている。」

議員「（事務）当局は、マニフェストに重きを置いていないと理解した。」

議員の質問には、確かに言い分がある。職員はマニフェストに対して統一した見解が持てず、やや混乱している。答えの大筋では私の考えと違いはないのだが、「マニフェストは知事と県民との約束であるから、事務方としては全精力を傾けて実現に努力する」という明確で力強い答えができなかったのだ。これはまずいと思った。そして、翌日の新聞には、「約束したのは知事」「県幹部と認識にずれ」「県当局はマニフェスト軽視?」等のタイトルが踊ることになった。

この時期に私と職員とでマニフェストに対する意識がずれているのは痛い。スピーディーにこなさなければならない政策は山積しており、政策遂行に支障が生じるのは明らかだ。時間的な猶予はないのだが、職員が私と同じ考えに立ち、全庁統一した意識を持ってマニフェストを受け止めるようになるまで、一歩一歩進んでいくより仕方がないと覚悟したのである。

徹底的な議論で意思統一

職員が混乱した原因は、マニフェストと県の総合計画との関係が明確にされていないことが大きな要因であった。また、マニフェストの政策は、行政として実施可能かという視点から検証した結果、数値目標等について修正しなければならない部分が生じており、それが「マニフェストの変更なのか」「県の政策への昇華ということなのか」も議論が割れていた。いずれにしろ、総合計画という「自治体の基本方針」とマニフェストという「首長の基本方針」の関係を整理しなければ、職員の混乱は収まらない。

そこで、まずは県の幹部職員が共通の認識・見解が持てるよう、「マニフェストについての統一見解」をまとめるための部長会議を数度開催し、私も加わって議論に議論を重ねた。そして、二カ月間にわたった議論の末に、私を含めて幹部職員は次の合意に達した。

①マニフェストは知事が候補者として県民と約束した政策宣言である（組織としての県は、議会、各行政委員会などを含むものであり、直接マニフェストに拘束されるものではない）。

②知事から各部局長に、マニフェストに掲げられた政策の実施に向けた検討が指示されたので、各部局長は、これを県の「施策案」として受け止め、その実現に最大限に努力する。

③各部局長は、この「施策案」について（原案、修正案ともに）県民に説明する立場になる。

④新たな総合計画等は、知事との調整を経た「施策案」に、それ以外の項目も含め、県民、議会、市町村、各種団体の意見をいただき、行政として責任を持って実施できる施策として策定していく。

⑤なお、マニフェスト(の原案)自体は、そのまま生き続けるものと認識する(マニフェスト自体は知事が説明責任を負う)。

このような「統一見解」を、ディスカッションの中から積み上げで固めていくことによって、九月定例会を迎えるころには、ようやく組織の中に統一的な意識が形成されるようになった。この議論を始めて二カ月、知事就任後からは実に五カ月を要したことは、今から思えば不思議でもあるが、議論に議論を重ねたことで初めて境地が開かれたのである。この当時、私は、記者会見で「生みの苦しみ」ということをよく言った。多くは議会との関係で用いたが、このマニフェストを職員に理解してもらうことについても生みの苦しみがあったのだ。

(3) 議会とローカル・マニフェスト

ローカル・マニフェストの本質的な課題

神奈川県では、マニフェストを実践する初期段階において、その成否の最大の鍵を握っていたのは「県議会」である。これは、私と県議会が先に述べたような対立関係にあったからということより、ローカル・マニフェストという仕組みが本質的に抱えている課題が顕在化したものと言えるだろう。

マニフェストの実行を担保するのは「予算」であり、政策によっては「条例」であるが、政策を実施する上で欠かすことのできないこの二つの要素は、首長が提案し、議会が議決して初めて成立する。首長と議会との二元代表制をとる地方自治では、首長の政策を議会がチェックし、正していくことになるのだ。

このような機関対立という制度上、首長のマニフェストがそのまま受け入れられることは、まずないと言えるのではないか。オール与党体制の首長、もしくは多数派と同じ政党の首長であれば、政策的な擦り合わせの上でマニフェストが作成され、当選すればそれがそのまま自治体の政策として認知されるだろう。ところが、オール与党という体制では、そもそもマニフェストを作って政策を戦わせる選挙になりにくい。やはり、複数の有力候補の選挙戦においてマニフェストが有効な手段となるのだ。こうしたことから、そもそも多数会派との擦り合わせができているローカル・マニフェストなどは、マニフェストの仕組みが予定するところではないと言ってよいだろう。

逆に言えば、ローカル・マニフェストを掲げた首長は当選後に、当然のこととしてマニフェストを自治体の方針にするかどうかをめぐって、議会と対立することが想定されるのである。実際には、総合計画の策定をめぐっての応酬になろうが、議会が総合計画を認めない場合、住民が首長選挙で信任したマニフェストを議会が認めない(市町村の場合は議案の否決)ことになり、極めて理解しにくい状態になる。私は、この辺に、マニフェストを二元代表制という制度の中に持ち込む時の課題、すなわちローカル・マニフェストと制度の整合性の課題があると思っている。今後、この課題は実例を踏まえながら、追究していく必要がある。

県政史上初の「総合計画調査特別委員会」

都道府県の総合計画は議会の議決案件ではなく、知事の権限で策定できるものだが、議会と県民の意見をいただき、それを踏まえた計画とすることが大切だ。県民意見の収集については、私と県民が直接話し合う場である「ふれあいミーティング」を県内八カ所で開催するなど、精力的に行った。私は、同様に、議会とも積極的な議論を行いたかった。しかし、議会での議論は、「前知事は計画策定に二年間をかけて綿密な計画を練り上げたではないか。松沢知事はなぜそんなに策定を急ぐのか」や「『不完全なマニフェスト』を県政の指針に据えるのは問題だ」などの「入り口論」、あるいはマニフェストの誤りを指摘することが中心で、なかなか政策の中身についての議論に進まなかった。

私は、総合計画は何としても一年以内で策定したいと考えていた。行政の中・長期計画の期間は五年あるいは一〇年というのが常識らしいが、知事の任期は四年であり、計画の期間も知事の任期に合った四年間にしたかった。マニフェストの基本に照らせば、任期四年間での成果を有権者に評価してもらい、次の選挙に反映できるようにしていかなければならない。計画策定に年数をかけていては、政策実施期間が短くなってしまうし、また、経済・社会の急激な変化についていけない。私は議会に「県政を取り巻く時代の状況変化は激しく、県政運営の基本指針や取組みを、県民にできるだけ速やかに示すことが必要だ」と理解を求めた。

六月定例会、九月定例会、一二月定例会と重ねるうちに、議会の中には、総合計画について特別委員会をつくって、綿密な審議をすべきだという意見が出てきた。真意は、議員にも「これまでの県政」へのこだわりがあり、「安易にマニフェストを土台にした計画を認めるわけにはいかない、徹底的な審議が必要だ」ということなのかもしれない。そうした議会側の経緯は定かではないが、とうとう平成一五年一二月、県政史上初めて総合計画を審議するために「総合計画調査特別委員会」が設置された。

特別委員会は五日間にわたって開催され、非常に精力的に、そして密度の高い議論をしていただいた。もちろん、内容は私にとって厳しいものだったが、なるほどと思われる具体的な意見を多数いただき、計画案は、それらを取り入れて修正することになった。

いずれにしても、従来、通常の常任委員会での議論だけで策定されていた総合計画が、このような特別委員会を設置して綿密な議論を経て策定されるようになったことは、政策論議がより活発になったということであり、大いに歓迎すべきことである。知事と議会という二元代表制の中で、この意義は大変大きい。これも、マニフェストの効果の一つではないかと思う。

総合計画を議決対象とする条例

ただ、この総合計画の策定をもって、議会とのマニフェスト論争が終わったかというと、そうではない。「野党」議員の中には、いくら特別委員会という形で議論を尽くしたところで、総合計画は議会の議決を要しないものであって、最後は知事の権限で策定されてしまうということに疑問を抱いた議員がいた。それが発端になり、総合計画策定後半年を経た平成一六年一〇月に、議員提案という形で、「基本的な計画を議会の議決事件として定める条例」が制定されたのである。

地方分権が進展する中で、議会が政策形成に積極的な役割を果たそうと権能を高めたことは、大いに評価すべきことであり、私も賛同する。総合計画が県行政の方向を定める根幹の計画であり、これに「議決」という最もはっきりした議会の関与が得られることは、非常に望ましい形になったと思う。知事が提案し、議会が議決した総合計画であれば、その後の計画に基づく毎年の予算編成も両者の基本方向は一致しており、スムーズな県政運営が期待できる。

これで、総合計画策定の手続きとしては整理がされたということである。しかし、マニフェストの側から見ると、総合計画はマニフェストと同一の内容であることが必要で、そうである以上、総合計画の議決と合わせてマニフェストまでが一緒に議決されるという意味合いが出てくる。住民に信任された首長のマニフェストを、総合計画化するときに議会が否決した場合、一体どういうことになるのだろうか。前述の二元代表制におけるマニフェストの扱いとも関連して、新たな課題が生まれたような気がする。この点は、未知の領域であり、これからの課題として研究していきたい。

(4)　マニフェストの「変更」は是か非か

さて、この章で議会や職員との関係からマニフェストを見てきたが、どちらとも一番の論点になったのは「マニフェストの変更」ということだ。

私は、この「変更」ということについて、マニフェストの冊子の冒頭に次のように断わっている。

県知事は独裁者ではありません。政策の実現に向けて、県民、県議会、県職員等との意見交換、交渉が必要であることは言うまでもありません。その結果、このマニフェストで示した政策の変更を求められることもあるでしょう。また、県政をとりまく状況は日々変動しますので、政策内容を具体的に示すほど、これを変更すべき場合も生じてまいります。ただ、これらの場合には、私は皆さまにその理由や経過をきちんと説明し、新たな目標や対応をご提案いたします。その意味で、このマニフェストは、今後の変化に対応する余地を残しながらも、皆さまと私の約束の基盤になるものと考えております。

これが、私の基本となる考えである。

そして、知事選挙後の記者会見で、「マニフェストの合格ラインは五〇％に置いている。五〇％以下だと失格で、県民はもうあなたとは契約しないとなるだろう。県政は私の独裁ではないので、議会や職員、あるいは国との交渉があるし、経済指標や税収は経済環境によりどんどん変化する。そういう面を見ると一〇〇％実施というのは完全独裁政治をとらない限り不可能だ。目標はかなり高く、ぎりぎり実現できるところに設定しているので、まず、五〇％をクリアして、七〇％、八〇％を目指していく」と発言したのである。

議会からは、「簡単にマニフェストを変更していいのか。県民との約束違反だ」と攻められた。しかし、これは五〇％や七〇、八〇％のマニフェストに変更してしまうということを言っているのではない。

マニフェスト自体の変更はしていない

私の考え方を整理すると、次のようになる。マニフェストに掲載した政策を「原案」とし、議員や職員との議論を経て総合計画に盛り込んだマニフェストの政策を「実施策」とする。例えば、「実施策」が「原案」より目標を下げた場合などは、それをマニフェストの「変更」と指摘されるのである。しかし、私は、これは目標の「変更」ではなく、「達成度が下がった」という実施状況に対する評価の問題だととらえている。マニフェスト自体（原案）の「目標」は変更していないからだ。仮に、目標を下方修正した「実施策」を一〇〇％実行できなければ、マニフェストの達成度はさらに下がることになる。

したがって、私は、マニフェストどおりの「実施策」を策定することや、その実施策の一〇〇％実行に最大限努力する。また、もしもマニフェスト「原案」の目標より低い「実施策」となってしまった場合、行政としては「実施策」を実現することで目標が達成されたことになるが、マニフェストの達成に責任を持つ私はさらにそれ以上に「原案」の目標を目指さなければならない約束を負っている、ということである。この考え方を基にして、「変更」に関する一連の発言や説明を行ってきている。また、この考え方が、先に紹介した職員との「統一見解」にも結び付いている。

そして、私は、「原案」とは異なる「実施策」となって、マニフェストの達成度は下がるかもしれないが、それは「さらによい成果を生むための手続き」となる場合もあると考えている。事実、マニフェストの政策を総合計画に取り込むに当たっては、議会や職員との議論をはじめ、県民の皆さんや市町村からご意見をいただいて、それを取り込んだ結果、不可避的に「原案」と異なった「実施策」となったものがある。しかし、多くの人たちの意見を取り入れて、より現実的な手法や目標値に変更したりしたものが多く、その場合であっても、マニフェストで示した政策の根幹の方向性はいささかも変えていない。

これが許されるのかどうかであるが、今の時点で「変更であり、約束違反だ」と断定するのではなく、四年間全体として、どこまでマニフェストを実現できたかの「評価」に表していただけたらと思う。ただ、私には、現時点でマニフェストの「原案」と「実施策」のどこが、どれだけ異なっているのか、有権者につぶさに説明する責任がある。この点は、次節で詳しくお話する。

「松沢式マニフェスト」

私は、ローカル・マニフェストに、こうでなければならない、などというものは存在しないと思っている。イギリスのマニフェストとはここが違う等の指摘はあるだろうが、それは問題ではない。重要なのは、有権者との具体的な約束を果たすために努力すること、そして、どこまでやったか住民に判断してもらえるようにすること、さらにその結果が次の選挙に反映され、審判が下されるという「マニフェスト・サイクル」に沿ったものであるかだと思う。これに向けて、さまざまなやり方があるだろう。それでよいのではないだろうか。私は、「松沢式マニフェスト」を実行し、確立しようとしているのである。

マニフェスト効果

知事に就任してからの二年間、マニフェストは、当初は戸惑いや混乱もあったが、結果としては、さまざまな変革の引き金になってきた。

まず、記者会見の変化だ。初めの一年間、定例の記者会見の場に、記者の皆さんはマニフェストを毎回のように持って来た。質問も、「知事、何ページの政策16、こういうふうに書いてありますけれど、どこまで進んでいるんですか」と質問がくる。記者会見がマニフェストを基にした、政策論議の場の様相を呈してきていた。

また、既に述べたように、県議会でも平成一五年の六月定例会以降、マニフェストが議論の的となった。これまでに、県議会本会議及び予算委員会では、マニフェストに関連する私への質問が一八〇項目にも及び、政策論議が活性化したということができると思う。

三つ目の影響は、知事と職員の関係だ。マニフェストに掲げられた政策をどのように実施に移していくかについて、各部局長とも真剣に議論をし、その積み重ねの中で新しい総合計画を作り上げてきた。マニフェストの内容を具体化し実現していくためにも、職員の理解と協力は不可欠であり、いろいろな形で率直に議論できる関係をつくることができたことは大変に重要だったと思う。こうしたことを通じて、私と職員の信頼関係は深まったと考えている。実際、職員が目標を持って、自ら考え行動し、挑戦する姿勢に変化していることを実感している。

このようにマニフェストは、政策を中心とした政治・行政のあり方を築くための基礎となっている。まさに「マニフェスト効果」だと思っている。

4　進捗評価編――政治家の通信簿

本節では、マニフェストの評価について述べる。マニフェストのメリットは、選挙の際に、候補者の政策が明快に分かるということにとどまらず、具体的政策であるが故に、当選後それがどこまで実現できたかを検証できる点にある。マニフェストがいかに実践の中で実現されていったかを評価、点検することが可能になるのである。作成↓選挙↓実践↓評価という、「マニフェスト・サイクル」が循環することによって政策中心、有権者本位の政治が出来上がっていくのである。

マニフェストの評価は、本来有権者が主体となって行うものであるが、初めての試みでもあり、黙っていては誰もマニフェスト評価を実施しないという可能性があった。そこで、私の場合は、評価の端緒を開くという意味で、毎年度末に「自己評価」と、私が外部の委員会に「第三者評価」を依頼するという形の二つの方法で進捗状況を評価することにした。進捗評価の仕組みや方法についてはいろいろな課題があったが、一つの形を示すことはできたのではないかと思う。第三者評価では比較的高い評価をいただいたが、問題はこれからの取組みだ。また、これに続いて独立のＮＰＯ等によって、私のマニフェストが評価対象とされたが、ＮＰＯによる評価活動はマニフェスト・サイクルの深化と広がりの上で喜ばしいことである。

(1)マニフェスト評価のあり方と実際

マニフェストの進捗評価はどうあるべきか

マニフェストを提示して政治改革に取り組むという「マニフェスト政治」の意義は、マニフェストがどこまで達成できたかが客観的に検証できること、そして政治家が情報を公開して説明する責任を負うことにある。私のマニフェストについても、この検証と説明の責任を果たさなければならない。

選挙当時から、私は、マニフェストの取組みについては、就任から概ね二年の時点で中間的な評価を行い、四年の任期終了の時点できちんとした評価を行い、県民の方々に報告すると言ってきた。しかし、前述のとおりマニフェストに対する関心は高かったし、中には誤解や意図的な批判もあるように思われたので、早い時点でマニフェスト実現に向けた取組みを点検し、評価することが必要になっていると考え、就任一年の時点で進捗状況の評価を行うこととした。

評価の方法としては、私自身がこれまでの取組みを振り返って行う「自己評価」と、県民、有識者等が進捗状況に関する情報を基に客観的に行う「第三者評価」の二本立てとした。

マニフェストは、政治家としての私が有権者の方々に提示して負託を受けたものだから、自ら点検・評価を行い、その結果を県民の方々に報告する義務がある。したがって、自らの責任において行う「自己評価」を欠くことはできない。しかし同時に、自己評価だけでは自らに甘い評価になる可能性があり、マニフェストの進捗評価は第三者の目で客観的に行うことが重要だ。中間評価の段階では、取組みの状況だけを説明したり、自己評価だけにすることも考えられるが、やはり第三者の目で点検していただき、その内容を今後の県政運営に反映させることも重要だと思い、一年目の点検・評価から「第三者評価」を導入することとしたのである。

これらの評価結果については、後ほど紹介する。

第三者評価のあり方

第三者評価は、本来であれば、県民のグループやNPO、シンクタンク、マスコミの方々に自主的に行っていただくのが望ましいと思う。私は、機会あるごとに県民、NPOの方々に、マニフェストの取組みを厳しい目で点検、評価していただきたいと言ってきた。しかし、実際にマニフェストの三七本の政策について必要な情報を収集して分析し、評価することは容易ではない。三七本の政策といっても、一つの政策を推進するために何本もの事業を実施していたり、複数のセクションにまたがっていたりするから、一つの政策に関する情報を集めるだけでも、相当の時間と手間を要することになる。

もちろん行政側は、マニフェストの進捗状況に関する情報を整理しておいて、求めがあれば提供できるようにしておく必要があるし、私自身は担当部局にマニフェスト推進の評価に必要な情報は全面的に提供するよう指示している。それでも、県民のグループやNPOの方々が自主的に点検・評価を行うことは大変な作業であり、自主的な取組みが出てくるのを待つというだけでは十分でないと考えた。

そこで、私が何人かの有識者と県民からの公募委員に委嘱して、点検・評価のための委員会を組織していただくことにした。これが「松沢マニフェスト進捗評価委員会」である。委員を委嘱するのは私だが、委嘱した後は委員に自主的に委員会を運営していただくこととし、私は審議内容には一切関与しないこととした。私から委員会にお願いしたのは、委員会の審議は公開とし県民の方々に情報提供を行っていただくこと、そして所定の時期までに評価報告書をまとめ公表していただくことの二点だけだ。

有識者委員としては、地方自治や政策評価に関する専門家の中から、神奈川県の実情に詳しい方で、各種の調査や分析の作業をしていただけるような中堅・若手の方々にお願いした。さらに、第三者として評価していただけるよう、これまで私とは個人的な関係がなく、また、この時点で県の政策的な審議会等の委員ではない方にお願いした。また、公募委員については、平成一六年二月にホームページ等で募集したところ、一五名の県民の方から応募をいただいた。応募者の中から有識者委員が中心になって、関心分野、居住地、年齢等のバランスに留意して六名を選定していただき、これに基づいて私が委嘱する形をとった。

こうした配慮をしたとしても、私が委嘱した以上、純粋な「第三者委員会」とは言えないという指摘はあり得よう。私としては、ぜひ県民やＮＰＯ等の方々に自主的に点検・評価をしていただきたいと考えており、そのためにも「口火を切る」意味でこの委員会の設置をお願いしたものである。そこで、この委員会は、自ら点検・評価を行うだけでなく、他の方々が点検・評価を行う際の参考になるよう、収集・整理した情報は全面的に公表し提供することとした。情報提供を通じて県民、ＮＰＯ等による点検・評価を促し、サポートすることをもう一つの役割としたのである。

いずれにしろ、マニフェストを掲げて県民から負託をいただいた者として、できるだけの対応と仕組みづくりをしておきたいと考えたのである。

なお、この評価委員会は、政治家である私が掲げたマニフェストの進捗状況を評価するものだから、県の各種審議会等とは異なり、県の行政組織とは切り離して政治家としての私が委嘱する形で設置したものである。

松沢マニフェスト進捗評価委員会の評価結果

松沢マニフェスト進捗評価委員会は、委員長の小池治教授(横浜国立大学)の下で、平成一六年三月一六日の第一回委員会に始まり、県の担当者に対するヒアリングをはさんで三回開催され、四月二三日に評価結果をご報告・公表いただいた。委員会の審議は、マスコミにも完全にオープンにしたし、評価結果はもとより、評価のために収集された政策情報も整理した上で、インターネットで公表した。

四月二三日にいただいた評価結果をご紹介する。

初年度の点検評価は、マニフェストに掲げた三七本の政策の一つ一つに対して、次の二本立ての基準によって、詳細に行われた。

①目標達成状況:マニフェストの各政策の目標をどこまで達成できたか、「成果」に着目して客観的に評価。最終目標と実際の達成状況を対比した上で評価するものである。例えば、四年間で

学校を四校造るという目標がある場合、一年目で一校ができていれば、四分の一（二五％）の達成度という評価になる。

②行政対応状況：目標達成に向けて県がどこまで対応しているか、五段階区分（未着手、方針検討、準備、実施中、完了）のどの段階にあるかについて評価。

評価結果としては、第一の目標達成状況に関しては、「初年度において何らかの成果が表れている政策（A〜C評価）が一五件（四〇・五％）あるが、まだ成果が表れていない政策（D評価）も一三件（三五・一％）ある」との評価をいただいた。これについては、「全体的には、マニフェストの進捗（目標達成度）は、初年度としては『概ね順調』だが、注意すべき政策も少なくないという状況」とのコメントであった。

第二の評価基準である行政対応状況については、「未着手・未改善の第一段階は二件（五・四％）で、ほとんど（三五件）が何らかの形で事業または検討に着手している。ただし、第二段階の一二件（三二・四％）は総合計画等には位置付けたが、具体的な事業は未定という場合であり、予算の確保など今後の課題が少なくないと考えられる」との評価の上で、「全体的には、県の対応状況は初年度としては『概ね良好』だが、個々の内容を吟味すると、油断できる状況ではないと言える」とのコメントをいただいた。

有識者委員、公募委員ともに、大変精力的な評価活動を展開していただき、まさにマニフェスト評価の「先駆け」としての役割を果たしていただき、深く感謝をしたい。

自己評価の試み

私自身による自己評価は、四月二三日に発表された委員会による外部評価も踏まえ、マニフェストを提示した政治家としての立場から、一年間の成果と見えてきた課題を自ら点検し、県民の皆様にご報告させていただくという位置付けで行った。一年目では、評価はまだ早いという有識者の声もあったのだが、私としては、「政策の情報公開」として、県民(有権者)の皆様に政策の進捗状況を説明し、意見をいただくきっかけとしたいという思いで実施した。

自己評価の基準は、委員会による評価とは異なり、マニフェストの目標の達成に向けて一期四年間の一年目において、必要な取組みを行ってきたかどうかという観点から総合的に勘案して評価することとした。すなわち、四年間で学校を四校造るという目標がある場合、一年目で一校が出来ていれば、一年目としたら一〇〇%という評価である。あるいは、四年間をにらんで、目標実現を可能にする計画をきちんと作ったとすれば、五割くらいに評価することもあり得る。逆に、一定程度作業が進行していても、自分としては満足がいかない場合には、自戒を込めて、あえて辛目の評価をしたものもある。

評価結果としては、「マニフェストで掲げた三七の政策のうち、二五の政策については、マニフェストの目標の達成に向けて一定以上の成果が表れている、もしくは概ね順調に事業が実施されている」「一方、目標達成に向けて課題が残されている、もしくは具体的な取組みが遅れている政策が一二ある」と個別政策の評価をした上で、「総じて、一年目の成果としては七割の出来である」との全体評価を行った。

さらに、「今後、外部からの評価も謙虚に受け止め、二年目に当たる平成一六年度は『改革実行元年』として、より一層の努力を重ねてまいります」と、次年度への抱負と姿勢を明らかにした。

委員会による評価に加えて自己評価を行うことで、一年間の成果を確認するとともに、不足している点、努力すべき点が自分でしっかりと確認することができ、今後、どこに力点を置いて政策運営を図るべきかという新たな目標設定に役立った。まさに、ＰＤＣＡ（プラン・ドゥ・チェック・アクション）サイクルのうちの「評価（チェック）」を、次の「改善（アクション）」に結び付けることに意味があり、同時に、その評価・改善の内容を県民に公開していくことが重要な意味を持っているのである。

(2)マニフェスト評価の広がりと深化

独立したNPO等による第三者評価

私のマニフェストについては、その後、第三者機関である大学やNPOからも点検、評価を行いたいという話が出てきた。

一つは、マニフェストの提唱者・北川正恭教授(早稲田大学マニフェスト研究所所長)が中心になって、平成一六年九月八日に開催された「ローカル・マニフェスト検証大会」(主催・早稲田大学マニフェスト研究所等)だ。この大会は、マニフェストを掲げて当選した五人の知事を取り上げ、マニフェストの内容やその後の対応を検証するというもので、いわば複数のマニフェストを「横串」に刺して比較評価する意味合いを持っている。北川さんの言葉を借りれば、この大会での評価は、「ローカル・マニフェストのモデル」を提示してマニフェストを推進するという意味を持っている。この時の評価のプロセスは、マニフェストに造詣の深い研究者が事前に調査・分析を行い、その結果を点数化して当日各知事の前で発表するという形で行われた。私も事前に、評価を担当された竹下譲教授(四日市大学)によるヒアリングを受けた。評価結果は、八一点の高い点をいただいた。大会当日にも出席し討議に参加したが、とても有意義な取組みだったと思う。

もう一つは、東京に拠点を持つＮＰＯ法人「自治創造コンソーシアム」が、マニフェスト研究の一環として私のマニフェストを取り上げて、その内容や取組み状況について点検・評価を行うというものだ。同法人は、平成一六年九月から一七年一月までの間、廣瀬克哉教授（法政大学）を委員長にローカル・マニフェストに関する研究プロジェクトを立ち上げ、シンポジウム、マニフェスト評価、マニフェスト作成の研修等を行った。その評価・研究対象として私のマニフェストの取組みを取り上げていただいたのだ。この評価は、公募による市民が中心となったＮＰＯによる評価であることが特徴だ。その評価は三七政策の進捗評価を含むもので、一二月一二日に公表された。総合評価でははは一〇〇点満点中の六八点の評点となったが、「新人知事として、着任後一年余の間にマニフェストの内容を行政計画に反映し、推進体制をほぼ確立していることは高く評価できる。得点比率の低い各政策ごとの目標達成度も、任期の現段階では総合的には順調に進んでいると見るべき値である。したがって、この段階での総合評価としては十分に合格点に達している」（同評価報告書）との評価をいただいた。

このように、私のマニフェストについて第三者の立場から点検・評価をしていただいていることは、ありがたいと思う。評価の過程や結果がホームページ等で公開されているのも、これからマニフェストを作成・評価しようとする人にとっては参考となる。また、これらの関係者からお聞きしたのだが、私のマニフェストについては松沢マニフェスト進捗評価委員会が事前に進捗状況について情報を収集し整理してあったために、点検・評価がやりやすかったという。委員会設置の目的が実を結んでいることが分かりとてもうれしかった。

こうした点検・評価が、県民やＮＰＯ等のグループでも継続的に行われるようになることを心より期待したい。

研究論文等でのマニフェスト評価

一方、統一地方選挙の後、マニフェストに関する書物が少しずつ刊行されるようになった。その中で、私のマニフェストについてもしばしば取り上げられている。

例えば統一地方選の後刊行された『マニフェスト　新しい政治の潮流』(金井辰樹著、光文社新書、二〇〇三年)は、長く政治取材をしてきた新聞記者がマニフェストの登場とその意義をまとめたものだ。そこでは、私のマニフェストについて、「私の個人的印象で言えば、この時の統一地方選でマニフェストを発表した知事候補たちの中で、『松沢マニフェスト』は、最も完成度が高かったように思う」と紹介されている。

また、最近刊行された『ローカル・マニフェストによる地方のガバナンス改革』(株)UFJ総合研究所国土・地域政策部編著、ぎょうせい、二〇〇四年)は、これまで作成されてきたマニフェストの内容とその実行過程を詳細に分析したものだ。ここでは、私のマニフェストについて、「政策ごとに、目標、数値、期限、ロードマップが網羅されており、ほとんど明示されているといってよい。特にロードマップについては、多くの候補者が具体的に提示していない中で、神奈川県松沢氏は『方法』として政策ごとに具体的に示している」と紹介されている。

もちろん不十分な点への指摘もあるが、私のマニフェストがこのような評価をいただいたことは光栄だ。これは、私の力というより、ボランティアで献身的な努力をしてくれた政策ブレーンチームの働きによるところが大きい。また、誠実に政策実行に努めてくれた県職員のおかげだと思っている。

最終評価は有権者による

私のマニフェストが、さまざまな皆様から点検・評価をいただいたことは、「マニフェスト・サイクル」の必要性を訴えてきた私としては大変うれしいことである。すなわち、選挙の時だけでなく、当選後も継続して政治家をチェックし、マニフェスト実現へのプレッシャーを掛けていって、任期が終了した際には、その実績を基に有権者が知事に対する審判を下すのである。そうしたサイクルがマニフェストを真に生かし、政策中心、有権者本位の政治を実現するのである。

ローカル・マニフェストは、生まれたばかりの仕組みであり、まだ定型化されたモデルはない。政治家を志す人々とそれを支えるスタッフやシンクタンク、あるいは独立したＮＰＯなどが競い合って、より優れたマニフェストを作り、それを有権者が評価して、マニフェスト政治全体が成熟していくことを期待したい。もちろん、私もさらに努力を続ける覚悟である。

資　料

○松沢マニフェストの進捗評価の結果について（概要）

○松沢成文マニフェスト自己評価
——知事就任１年を振り返っての成果と課題——

記者発表資料
平成16年4月23日

松沢マニフェスト進捗評価の結果について（概要）

平成１５年度の標記進捗評価の結果（概要）は以下のとおりです。

松沢マニフェスト進捗評価委員会

1　点検評価の方法

○今年度の点検評価は、次の基準による二本立てで行った。

①**目標達成状況**：マニフェストの各政策（37 本）の目標をどこまで達成できたか、「成果」に着目して客観的に評価。

②**行政対応状況**：目標達成に向けて県がどこまで対応しているか、５段階区分のどの段階にあるかについて評価。

※「成果主義」の考えに立って、目標を達成できているか否かを基本とし、あわせて県の取組みを段階区分という客観的な形で評価。

○県が総合計画等においてマニフェストと異なる目標等を定めている場合でも、あくまでマニフェストの目標に照らして判断。

○目標達成状況は、マニフェストの最終目標（原則として４年間で達成）に照らしてどこまで達成できたかを評価。

2　目標達成の状況

○目標達成状況は、初年度において何らかの成果が表れている政策（A～C評価）が１６件（43.2%）あるが、まだ成果が現れていない政策（D評価）も１２件（32.4%）ある。

○全体的には、マニフェストの進捗（目標達成度）は、初年度としては「概ね順調」だが、注意すべき政策も少なくないという状況。

表１　目標達成の状況

区分	件数	（割　合）
A	3件	（ 8.1%）
B	2件	（ 5.4%）
C	１１件	（29.7%）
D	１２件	（32.4%）
NA	9件	（24.3%）
計	３７件	（100.0%）

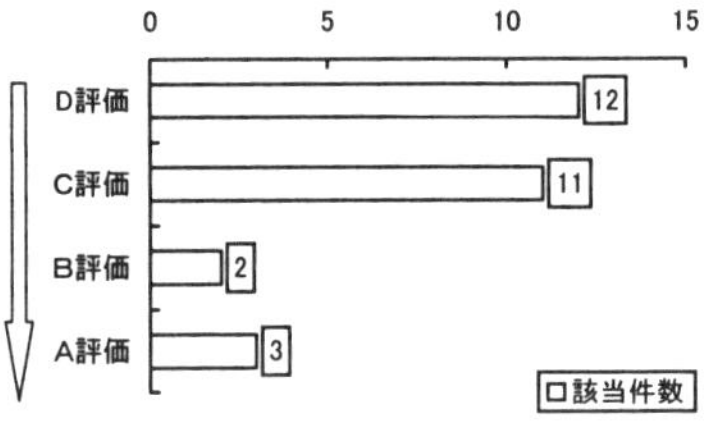

（参考）　目標達成状況の基準

達成度区分	達成の程度
A	目標を達成またはほぼ達成（概ね８割以上）
B	目標のある程度の割合を達成（概ね５～８割未満）
C	目標の一部を達成（概ね２割～５割未満）
D	ほとんど成果が表れていない（概ね２割未満）
NA	評価が不能または困難な場合（データが未集計であるなど）

3　行政対応の状況

○行政対応の状況は、未着手・未改善の第１段階は２件（5.4%）で、ほとんど（３５件）が何らかの形で事業または検討に着手している。ただし、第２段階の１２件（32.4%）は総合計画等には位置づけたが、具体的な事業は未定という場合であり、予算の確保など今後の課題が少なくないと考えられる。

○全体的には、県の対応状況は初年度としては「概ね良好」だが、個々の内容を吟味すると、油断できる状況ではないといえる。

表２　行政対応の状況

区分	件数（割合）
第１段階	２件（ 5.4%）
第２段階	１２件（32.4%）
第３段階	１２件（32.4%）
第４段階	１０件（27.0%）
第５段階	１件（ 2.7%）
総　計	３７件（100.0%）

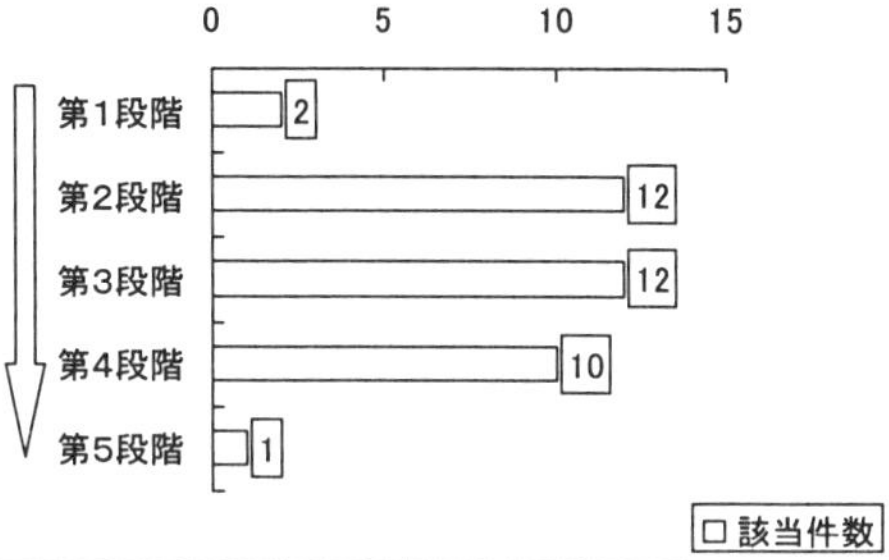

（参考）行政対応状況の基準

段階区分	新規の取組みの場合	既存取組み拡充の場合
第１段階（未着手・未改善）	未着手	既存の継続（未拡充）
第２段階（方針決定・検討）	方針決定、制度・事業の検討	拡充の検討
第３段階（準備・事業化）	制度化・事業化の作業	拡充の準備（予算化等）
第４段階（実施中）	制度決定、事業実施	拡充後の事業実施
第５段階（完了）	条例施行、事業完了	事業完了

4　備　考

○この評価結果報告書は、近日中に、下記のホームページに掲載し、広く県民に公表する予定。

松沢しげふみ個人ホームページ　www.matsuzawa.com/kanagawa

○今後、委員会は平成１６年度の進捗評価のため、平成１７年３月頃から再開する予定。

連絡先：松沢マニフェスト進捗評価委員会事務局
横浜市中区本町 1-5 西田ビル 702
電話 045-650-1717、FAX045-681-1888

表3　松沢マニフェスト・政策別点検評価結果一覧

Ⅰ　地域主権			Ⅱ　県政改革			Ⅲ　経済再生			Ⅳ　教育再生			Ⅴ　環境を守る			Ⅵ　暮らしを守る		
1　税財源移譲	C	2	4　情報公開	D	2	15　京浜臨海部	C	3	19　学校改革	D	2	23　水源の森林	D	3	27　保育所整備	NA	3
2　首都圏連合	C	2	5　自治基本条例	D	2	16　新産業育成	C	3	20　県立高校改革	C	3	24　都市の自然	NA	3	28　児童虐待	NA	4
3　道州制	NA	1	6　NPO支援	C	3	17　市民起業	D	2	21　ｺﾐｭﾆﾃｨ・ｶﾚｯｼﾞ	D	1	25　森林環境税	D	2	29　高齢者介護	NA	4
			7　NPO協働	B	4	18　ツーリズム	C	3	22　英語学習	D	3	26　リサイクル	D	2	30　医療人材	NA	2
			8　ﾁｬﾚﾝｼﾞ市町村	D	2										31　救急医療	NA	3
			9　民営化等	D	3										32　男女共同	NA	3
			10　人件費削減等	C	4										33　住基ネット	C	4
			11　県庁ﾜｰｸｼｪｱ	C	4										34　地震防災	A	4
			12　県庁ﾍﾞﾝﾁｬｰ	A	4										35　犯罪対策	NA	4
			13　入札改革	D	2										36　暴走族条例	A	5
			14　民間人登用	B	4										37　基地縮小	C	2
A0, B0, C2, D0, NA1			A1, B2, C3, D5、NA0			A0, B0, C3, D1、NA0			A0, B0, C1, D3、NA0			A0, B0, C0, D3、NA1			A2, B0, C2, D0、NA7		
①1, ②2, ③0, ④0, ⑤0			①0, ②4, ③2, ④5, ⑤0			①0, ②1, ③3, ④0, ⑤0			①1, ②1, ③2, ④0, ⑤0			①0, ②2, ③2, ④0, ⑤0			①0, ②2, ③3, ④5, ⑤1		

(注) 下段A～NAの数字は各目標達成度の件数を示し、①～⑤の数字は行政対応段階の件数を示す。

松沢成文マニフェスト自己評価

－知事就任１年を振り返っての成果と課題－

マニフェスト自己評価の経緯

○　私は昨年、37 の政策提案からなるマニフェストを掲げ、神奈川県知事選挙に挑み、多くの県民の負託を受けて知事に就任し、この１年間、マニフェストの実現に向けて、新たな総合計画である「神奈川力構想・プロジェクト 51」の策定などさまざまな取組みを行ってきました。

○　マニフェストは候補者の政策を事前に情報公開するものですが、その後の進捗状況をチェックし、公開していくことが重要です。そこで、就任１年目を迎える節目に当たって、県民（有権者）の皆様に政策の進捗状況をご説明し、ご意見をいただくきっかけとして、マニフェストの評価を実施しました。

○　マニフェストの評価は、中立的な立場から客観的な評価をお願いした「松沢マニフェスト進捗評価委員会」（学識者及び県民委員により構成）による「外部評価」と、私自身による「自己評価」があります。

○　私自身の自己評価は、４月 23 日に発表された委員会による外部評価も踏まえ、マニフェストを提示した政治家としての立場から、１年間の成果と、見えてきた課題を自ら点検し、県民の皆様にご報告させていただくものです。

自己評価の基準

○　就任から１年間、マニフェストの目標の達成に向けて、１期４年間の１年目において、必要な取組みを行ってきたかどうかという観点から、総合的に勘案して評価いたしました。

○　なお、評価委員会による外部評価は、最終目標と実際の達成状況との対比において評価している点など、私の自己評価とは基準が異なることにご留意いただきたいと存じます。

全体評価結果

○　マニフェストで掲げた 37 の政策のうち、25 の政策については、マニフェストの目標の達成に向けて一定以上の成果が表れている、もしくは概ね順調に事業が実施されていると評価できます。一方、目標達成に向けて課題が残されている、もしくは具体的な取組みが遅れている政策が 12 あると評価できます。総じて、1年目の成果としては７割の出来であると評価しております。

○　今後、外部からの評価も謙虚に受け止め、２年目に当たる平成 16 年度は「改革実行元年」として、より一層の努力を重ねてまいります。

○　なお、マニフェストを掲げたことにより、県議会本会議及び予算委員会においては、マニフェストに関連する知事への質問が 180 項目出されるとともに、定例記者会見においてもマニフェストに関する質問が 58 項目にわたりました。こうした政策論議の活性化は、政策本位の県政の実現にマニフェストが貢献したものと考えております。

評　価	取組みの状況
A	必要な取組みを着実に実施し、目標達成に向けて具体的な成果が表れているもの。
B	必要な取組みを概ね順調に実施し、一定の成果が表れているもの。
C	目標達成に向けて取り組んでいるが、課題が残されているもの。
D	まだ具体的な取組みを行っていないもの。

政策別評価の概要

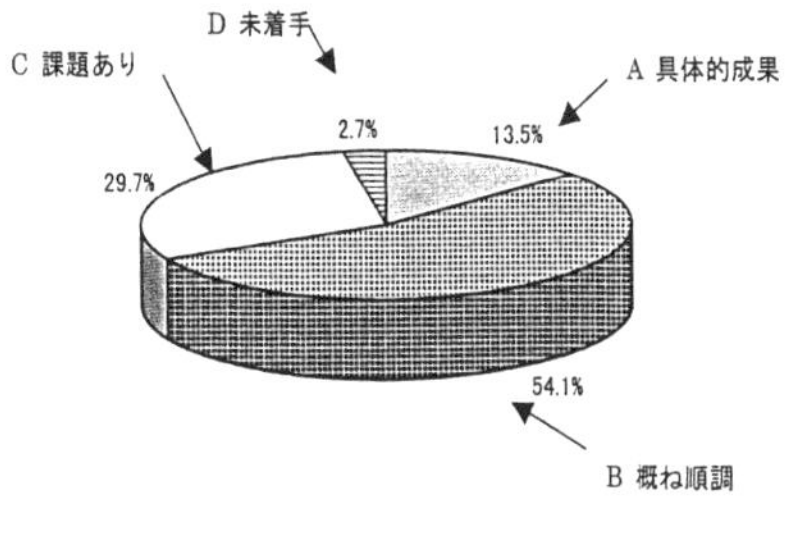

評価	件数	%
A	5	13.5%
B	20	54.1%
C	11	29.7%
D	1	2.7%
計	37	100.0%

マニフェスト37項目政策別評価

政　策	評価	取組みの状況・コメント
Ⅰ　地域主権		
1　税財源委譲	B	三位一体改革に関する緊急意見等の提起。不十分ながら制度改革は動き出した。
2　首都圏連合	B	首都圏連合の設置提案、連携強化検討会議設置される。論文も発表し理解を広げる。
3　道州制	C	全国知事会での問題提起、知事会会長直属の研究会発足へ。議論はこれから。
Ⅱ　県政改革		
4　情報公開	C	知事交際費の情報公開実施。16年度に徹底化の方針提起、ﾌﾟﾗﾝを策定、実行へ。
5　自治基本条例	C	基礎研究から16年度には実現へ向けた具体化検討へ。十分な議論が必要。
6　ＮＰＯ支援	B	法人化相談等の実施。ﾎﾞﾗﾝﾀﾘｰ基金の一層の活用。人材育成システムが課題。
7　ＮＰＯ協働	B	協働事業の拡充実現。16年度はNPO参加型で協働の指針と仕組みづくりを実現する。
8　ﾁｬﾚﾝｼﾞ市町村	C	市町村と検討。今後、市町村と協議しながら順次実施に移す。
9　民営化等	C	出先機関の見直しに着手。今後、指定管理者制度の導入等により民営化を推進する。
10　人件費削減等	A	人件費削減344億円（15年度当初比）。警察官の実質的増員1500人具体化の方向。
11　県庁ﾜｰｸｼｪｱ	A	非常勤職員149人の新規雇用の実現。引き続き、雇用拡大へ。
12　県庁ﾍﾞﾝﾁｬｰ	A	総合計画策定に向けた提案事業募集を実施、9事業を採択。制度のさらなる充実を。
13　入札改革	C	入札制度改革の第一歩としての方向を決定。神奈川方式導入に向けて検討を進める。
14　民間人登用	B	民間人からの課長級以上の登用を実現。16年度以降も拡充へ。
Ⅲ　経済再生		
15　京浜臨海部	A	神奈川口構想の推進に向けた国県市の合意にこぎつけた。さらに具体化への努力へ。
16　新産業育成	B	神奈川県産業集積促進会議を設置。16年度、企業誘致戦略を早期に策定へ。
17　市民起業	C	ｺﾐｭﾆﾃｨﾋﾞｼﾞﾈｽ創出研究会等を実施。雇用創出の方策はさらに検討を要する。
18　ツーリズム	B	ﾂｰﾘｽﾞﾑ推進指針を策定。国際観光県構想提案。遼寧省との観光交流覚書調印。
Ⅳ　教育再生		
19　学校改革	C	スクールカウンセラー配置、NPOとの連携強化。ボランティア活動体験実施の方向へ。
20　県立高校改革	B	学区制の撤廃実現へ。今後、特色ある高校づくり具体化に向けて努力する。
21　ｺﾐｭﾆﾃｨ・ｶﾚｯｼﾞ	D	米国との社会情勢の違いや民業圧迫などの観点から具体的な方策を見直し。
22　英語学習	B	教員の人材育成から着手。外語短大の見直し検討に着手。
Ⅴ　環境を守る		
23　水源の森林	B	新たに水源林育林協定の導入などにより、着実に水源林を確保。
24　都市の自然	B	都市公園の整備は概ね順調に進行している。借地方式も新たに導入へ。
25　森林環境税	B	水源環境税のあり方を研究会で取りまとめ、県内22カ所で県民集会を開催。
26　リサイクル	B	各種リサイクル法の推進などにより、リサイクル率の向上を図っている。
Ⅵ　暮らしを守る		
27　保育所整備	C	市町村への支援を中心に検討。次世代育成支援を16年度から本格化する。
28　児童虐待	C	児童福祉の体制整備を行っている。16年度から次世代育成支援本格化。
29　高齢者介護	B	高齢者保健福祉計画をスタートさせ、居宅ｻｰﾋﾞｽ充実、特養などの整備を促進。
30　医療人材	B	県立保健福祉大学等で医療・保健・福祉の人材を育成を推進。
31　救急医療	B	救命救急センター、ドクターヘリの運用など救急医療体制を整備。
32　男女共同	B	かながわ男女共同参画推進ﾌﾟﾗﾝの策定やDV被害者支援を推進。
33　住基ネット	B	市町村実態調査、専門家の検討を受け、国への情報ｾｷｭﾘﾃｨ強化提案、所要対策を実施。
34　地震防災	B	市町村への防災対策支援、広域防災拠点と県内拠点の連携を検討した。
35　犯罪対策	B	安全・安心まちづくりのための全庁的本部を設置。16年度に本格展開。
36　暴走族条例	A	15年12月、暴走族等の追放の促進に関する条例を制定。16年度施行へ。
37　基地縮小	C	日米合同委員会4施設の返還合意を受け、池子住宅にかかる見解表明。努力を要す。

第三章　政策実践実例

この章では、マニフェストに掲げた政策について、実現に向けて具体的にどう進めていったのか、そしてその成果や評価はどうだったのか等、実践過程のあれこれを紹介したい。

政策のアプローチの仕方は、政策の性質によって異なる。そこで、紹介する政策は三つの異なる分野から選抜した。政策ごとに次のような意味があると考えて選抜したので、その点を踏まえてお読みいただければ、参考になるものと思う。

①「首都圏連合・道州制」関係

一自治体にとどまらず、「国のかたち」までを変えようという政策で、まだ理念的な段階にあり、まずは世論の形成が大事な政策である。行政が主体となって積み上げで推進するには困難が多く、長い年数を要するものと考えられ、私が政治家として積極的に動くことが求められる政策でもある。

②「地域経済・産業政策」関係

自治体の限られた財源でいかに地域経済を活性化するかは、全国共通の課題である。これは、地方の創意工夫と新しい発想の勝負であり、また、国の規制との闘いでもある。私は、スケールを大きく、従来の殻を破って、「機を見るに敏」が大切という信念で、次々と新たな取組みを打ち出し、チャレンジし続けている。また、とかくPRが下手な自治体行政の中では、トップセールスは極めて重要である。

③「安全・安心のまちづくり」関係

身の回りの治安が悪化し、安全神話の崩壊と言われており、治安対策は住民ニーズナンバーワンの政策である。切迫する状況の中で、実効性のある施策をいかに迅速に実施していくのかが問われている。警察力抜きには考えられない政策であるが、組織の異なる警察本部と知事部局がどう連携を図っていくのか等、課題も多い。

政策実践実例①　「首都圏連合の実現へ」

(1)「地域主権の実現」は政治家としてのポリシー

本書の冒頭で、私の政治家としての目標は、この国の社会、経済、政治、行政の仕組みを新しい時代に対応できる構造に改革することであるということを述べた。そして、県議会議員を六年間務める中で、この目標実現のためには国会議員が最もふさわしいと考え衆議院議員に転じたこと、また、一〇年間の国会議員活動を通して霞が関や族議員の巨大な壁を痛感し、地方からしかこの国を変えることはできないと改めて思い至り、知事選挙に出る決意を固めたということを述べた。この節で述べる「首都圏連合→道州制→日本を変える」という地域主権の実現を目指す政策は、こうした私の政治家としての活動の中で徐々に私のポリシーとして醸成され、知事選挙に臨む時には「これしか日本再生の道はない」という確信にまで至ったものである。

中央からの地方分権改革は絶望的

「首都圏連合→道州制→日本を変える」ということは、真の地方分権型国家を実現することである。実は、二一世紀の新たな国のかたちとして、地方分権型の社会を目指そうということは、私が国会議員になる直前の平成五年に、既に国是となっていた。当時は、バブル経済の崩壊による長期経済低迷の中で、従来の国の仕組みがことごとく行き詰まり、国全体が大きな閉塞感に満ち始めたころである。その中にあって、各界、各層から「地方分権こそ国発展の活路を拓く希望の光だ」という声が沸き起こり、国会議員や学者も大いに賛同していた。平成五年六月には、国会議員自らの発案として「地方分権の推進に関する決議案」が衆参両院で提案され、両院ともにすべての政党の全会一致で可決しているのである。これは、国会の半世紀の歴史を振り返っても、極めて異例のことだと言われている。

しかしながら、ここまで確かな形で推進を決定したはずの地方分権でさえ、各論に移るにしたがって、霞が関の官僚と族議員の壁、既得権益を守ろうとする強大な力が立ちはだかり、大きくブレーキを掛けられてしまった。道路公団の民営化や郵政民営化など小泉改革の中心をなす改革は、ことごとくこの「抵抗勢力」の前に四苦八苦しているが、おそらく地方分権改革は、改革の内容、重要性、難易度どれをとっても最大の改革であり、それに比例して抵抗も最も大きい。改革によって失われる既得権益もおそらく一番大きいであろう。なにしろ、霞が関や族議員の力の源泉である財源と権限が地方に移されてしまえば、既得権益どころか彼らの活動の母体や基盤がほとんどなくなってしまうのだから、まさに死活問題だろう。このことは、最近の三位一体改革に対する各省庁と族議員のすさまじい抵抗、なり振り構わぬ抵抗を見れば明らかだ。

私の一〇年間に及ぶ国会議員時代の終盤は、このままでは日本の構造改革を進めるという目標を達成できないという大きな焦りを感じる毎日だった。特に、こうした地方分権の大改革が、霞が関によって実行されることはまずないと絶望的な気持ちになり、「地方からの挑戦しかない」と思い至り知事選に出馬したのである。こうした経緯は第一章で述べたとおりである。

マニフェストの柱「地域主権」

こうした背景があり、私は知事選のマニフェストにおいて、県政の「三つの基本方向」の一つに「地域主権の県政―神奈川の力で日本の『構造改革』を進める」を据え、「首都圏連合を実現し、道州制への転換を図るなど、地域主権の取組みを進める」ことを掲げた。そして、三七本の政策の第一のパートに、地域主権の実現に向けた三つの政策「税源移譲」「首都圏連合」「道州制」を位置付け、「神奈川力《りょく》で日本を変える」というタイトルを付けた。
このように、私のマニフェストは、「地域主権」を大きな柱としている。これは、私が国会議員時代を通して地方分権に常に高い関心を寄せていたことや、真の地方分権型社会こそが県民生活の向上をもたらすという強い信条を持っていたからである。「中央集権から地方分権に変えない限り、この国に未来はない。それには地方という現場での実践あるのみ。これで、日本を変えてみせる」という政治家としてのポリシーと意気込みを示したかったからでもある。

(2) ねらいは「首都圏連合→道州制→国のかたちの改革」

では、ここで地域主権社会の実現に向けた三つの政策のうち、「首都圏連合」と「道州制」について、その概略と私の考え方や実践について報告したい(なお、「税源移譲」については、三位一体改革の中で議論が続けられており、その内容や動向は周知のことと思うので、本書では取り上げないこととした)。

政策2　首都圏連合
生活圏、経済圏の拡大に伴う行政課題の広域化に対応して、新たな広域政府「首都圏連合」の設置を提案し、首都圏全域を対象とする広域政策を推進します。

明治時代のままの都道府県

地方自治体の行政区域の変遷を見ると、市町村には何度か歴史的な合併の流れがあり、大きく行政区域が変わったこともあったが、都道府県は一三〇年前の廃藩置県から県境がほとんど変わっていない。当時はまだ、ちょんまげと草履の時代であり、生活圏は徒歩の範囲でしかなかったが、現在の人々の生活圏は、自動車、電車をベースに、当時の人には想像もできないほど拡大している。現在の首都圏の実態を見ると、神奈川から千葉に通勤している人、千葉から埼玉に通学している人もいて、首都圏全体が一つの生活圏を成している。また、経済活動・企業活動の面では、広域化がより顕著であり、さらに、今日的な課題として、環境に視点を当てた新たな広域圏域の概念も生まれている。

首都圏のディーゼル排ガス規制

生活圏や経済圏、そして市町村（基礎自治体）の範囲が大きくなってきた一方で、都道府県の単位が明治時代のままであることが、今日的な広域課題への対応などの面で多くの弊害を生んでいるのである。

弊害の実例を挙げると、例えば、環境の規制だ。平成一一年に石原都知事が都内の排気ガス公害を見かねて、ディーゼル車の排ガス規制に着手した。これは本来、国が取り組み、国全体の規制とすべき内容であるが、環境省は課題として認識しながらも、トラック業界を抱える国土交通省などの大反対にあって動きが取れなくなっていた。それに業を煮やした石原知事が、東京都単独で規制に踏み切ることにしたのである。

しかし、トラックは東京都だけでなく首都圏を広域的に移動し、そして、排気ガスは首都圏の上のつながった空を流れていく。こうした大気の環境に係る規制は首都圏という経済圏全体で取り組まなければ意味がなかったのである。そこで、「首都圏サミット(八都県市首脳会議)」の場で協議が行われ、神奈川、埼玉、千葉の各県で、東京都と同様の条例を作ることになったのだ。そして、この動きが国を刺激し、後の「自動車NOx・PM法」の改正を促した。

この取組みは自治体連携の先進的な事例となった。そして、自治体が国家をリードした画期的な事例として全国にインパクトを与えた。しかし、同時に、このような緩やかな自治体連携の限界や課題も明らかになった。例えば、規制を実行するに当たっては、我が神奈川県では条例成立が遅れたことから規制実施までの準備不足が問題となり、千葉県では規制実施直前になって議会が罰則規定の見直しを迫って混乱したりと、参加自治体の足並みが乱れたのだ。何より、東京都が規制の方針を打ち出してから、首都圏全体で規制がスタートするまで、実に四年間を要したこと自体が問題であると認識しなければならない。もし、首都圏全体で環境政策を一元的に推進できる行政体があったなら、おそらく半分以下の期間で実現できたであろう。

首都圏の港湾・空港行政はばらばら

都県別行政の弊害の二つ目の実例は、都市基盤の整備である。港湾を例に挙げると、今、東京湾沿岸の国際港は、横浜、川崎、東京、千葉、木更津、横須賀の六港あるが、それを所管する自治体はそれぞれ異なっている。

かつて横浜港はアジアが誇る国際港であったが、平成一三年にはコンテナ取扱い量で世界二一位にまで転落してしまった。ちなみ、に同年の世界の上位五港は香港、シンガポール、釜山、高雄、上海であり、アジアの港が上位を独占しているのに、日本の港では東京港の一八位が最高である。この地盤沈下の原因は経済の長期低迷が主因であろうが、小さな東京湾に異なる自治体が管理する六港がひしめき、過当競争になって、すべての港が沈滞していることも大きな原因だ。

もし、東京湾全体を一つの行政体で管理できれば、首都圏という経済圏に最適なものとなるよう、六港それぞれを機能特化し役割分担をして、六港の連携によって最高のパフォーマンスを発揮できるようにすることが可能となる。そうすれば、国際競争に勝ち抜くことができるだろう。

また、空港にしても、世界の常識からすれば、三、四〇〇万人もの人口を抱える首都圏であれば、国際空港が二つ存在することなど当然である。しかし、現実には、首都圏経済の再生の鍵を握る「羽田空港の国際化」が、「成田空港」を抱える千葉県の反対により足並みがそろわないなど、両空港のすみ分けは極めて難しい課題であることが浮き彫りになっている。この課題も、首都圏が一つの行政体によってマネジメントされていれば解決が早いのではないかと思われる。

首都圏連合で国際競争に勝つ

私は、以上のような課題認識の下、神奈川、東京、千葉、埼玉の四都県が参加する新たな広域自治体「首都圏連合」の提案をマニフェストに盛り込んだ。これは、地方自治法上の「広域連合」制度を活用して設置するもので、各都県の権限はもとより、国の権限の移譲を受けて、交通、産業、防災等の首都圏の広域政策を計画的に展開できる行政体を想定している。各都県はそのまま残し、必要な広域課題だけを処理する行政体であり、基本的に選挙で首長と議会を設置することも可能だ。「EU(ヨーロッパ連合)」をイメージしていただければ近い制度ではないかと思う。

こうして、国の省庁の縦割りと都道府県の横割りで分断され、細切れになっている首都圏の行政の一部分を、首都圏全体の利益を考え一元的にマネジメントできる首都圏連合に委ねることによって、首都圏は必ず再生できるだろう。経済・産業振興や環境対策だけではない。防災や治安が首都圏で統一的に行われれば非常に効率的かつ強力なものになるであろうし、青少年問題などには一層効果的な対策が講じられるであろう。また、首都圏を一体のものとした観光も極めて魅力的だ。このように、首都圏単位で考えるべき広域課題は枚挙にいとまがなく、首都圏連合がもたらす住民利益は計り知れないのである。首都圏連合は、首都圏の住民生活の向上をもたらすものと確信している。

そして、これはマニフェストのレベルを超えた将来的な大課題になるが、この首都圏連合が実績を積み重ね、例えば「首都圏州」に発展したときに、日本という国家は劇的に変化するであろう。「首都圏州」創設で国際競争に勝つ、これが私の長期的な戦略だ。

政策3　道州制

すでに一三〇年が経過した現行の「都道府県制」から「道州制」への転換を提案し、分権型の地域主権国家の実現を図ります。

「善政競争」で国の発展を

生活圏や経済圏の拡大に伴って、都道府県の単位を超えた広域課題に対応をするための組織・行政体が必要になっていることは誰もが認めていることである。しかし、その組織・行政体のあり方にはさまざまな形態が考えられる。自治体同士のつながりが弱い順に挙げると、「首都圏サミット」のような「首長同士の協議の場」、地方自治法に規定される「広域連合」、「都道府県合併」、「道州制」、「連邦制」などがある。こうした中で、私は、自らが課税権を持ち、国からの権限移譲を受けることのできる「道州制」を目指している。ちなみに、「連邦制」は歴史・文化・経済などが一体となって醸成されてきた独立性の高い地方が存在していることが前提であり、我が国の成り立ちや国民意識からして導入し難い制度と言われている。したがって、この際、連邦制は別とするが、その他のどの形態であっても、広域課題への対応だけであれば何らかの対応は取れる。しかし、課税権を持つことと、国の権限が移譲される受け皿たることの二つの要件を満たした「道州制」となれば、地方分権の面で他の形態とは決定的な違いが出てくる。

私が理想とする地域主権型の国家とは、道や州がその地方の特性を生かした大きな産業・経済圏を形成し、その道州の間で起こる「善政競争」が国家の質を高め、その活力によって日本全体を発展させていくというものだ。

道州制こそ民主主義

「善政競争」を活発にするためには、国が主導する画一的な政策を極力少なくし、地方の多様性を生かすことができるようにすることが必要だ。また、道州制を導入する以上、「効率的な国家」に生まれ変わらなければ意味がない。

この二つを成し遂げるために、国と地方の役割分担を徹底的に見直し、国から地方に権限と財源を移譲しなければならないのである。例えば、通貨、外交、防衛など国の統治機構のマクロ的政策には統一性が必要であり、これは国にしか果たせない役割だろうが、その他の福祉、教育、環境、産業政策、都市計画など、これらはすべて州と州内の基礎自治体に任せればよい。そして、この役割分担の見直しと併せて、州自らが課税権を持って自己の財源を確保できるようにし、さらに、州が州内の基礎自治体の財源調整までできるようになれば理想的だ。目指すのはそういう道州制だ。

こうして、事務の見直しと財源の保障が行われた時、受益と負担の距離が格段に近くなり、住民はほとんどの行政サービスについて、内容・水準と負担の重さとを天秤に掛けて適否を判断できるようになる。住民の判断が反映された政策が展開されるようになると、自治体運営は極めて効率的になるであろうし、何より、隣の州・市に負けないぞという力学が働くようになることが大きい。仮に、政策に失敗して、隣の州・市より駄目だと住民が判断したなら、当然、次の選挙で首長は交代を余儀なくされ、政権が変わる。このように、州・市の有権者は政治や政策の方向を変えることができるのである。地方に事務を任せることの最大のメリットがここにある。これこそが民主主義なのである。

こうした道州制を、霞が関が自ら導入することはあり得ないということは繰り返し述べてきた。だから、道州制に向かうには、地方が道州制のような仕組みをつくって、最後は霞が関に認めさせるというようにしなければならない。実践こそが何よりの改革の強い力となる。ここに、「首都圏連合」を提唱するもう一つの理由がある。首都圏連合の取組みは、二一世紀の「この国のかたち」を追求する象徴的なプロジェクトになるはずだ。

マニフェストでの期限は平成二七年(二〇一五年)

私のマニフェストは政策ごとに「期限」を設定しているが、それは通常、四年間という知事の任期内に定めるものである。しかし、道州制だけは「平成二七年(二〇一五年)までの実現を目標」とせざるを得なかった。マニフェストの形式からすると、特異である。そこで、任期中に成すべきこととして、道州制移行のための「一〇年計画」を策定するなど、道筋を付けることを目指していくこととしている。

(3)　首都圏連合・道州制への第一歩

県議会からはいきなりNO!(「最後の県知事」発言)

私が知事選に当選した直後に、NHKから取材があり、次のやりとりが放映された。

記者「首都圏連合の提案がありましたが、どのようなメリットがありますか。」

私「広域的な課題が解決できる行政の器が必要……(中略)……神奈川県は将来的になくなる可能性もあります。最後の知事になってもいい、そういう思いを持って新しい制度をつくっていきたい。」

この「最後の県知事」という発言は衝撃的だったのか、新聞等のタイトルになるなどさまざまな形で報道に取り上げられた。

しかし、マスコミが好んで使った「松沢成文＝首都圏連合＝最後の県知事」という構図は、すぐに県議会の批判の対象にもなった。初めて県議会との論戦となる平成一五年六月定例会の代表質問初日、知事選で別の候補を応援した県議会最大会派の議員から、「有権者は最後の県知事を選んだわけではない。真意を伺いたい」と質問がきた。私がマニフェストで道州制を目指すと宣言したということは、将来的に神奈川県をなくすと宣言したことになる。県議会としては、「県民はそんなもの認めていない、お前にそんな勝手はさせないぞ」ということであろう。同じく、首都圏連合についても、質問の中で「首都圏連合など到底認めることはできない」ときっぱり否定された。理由は「道州制や首都圏連合など、目を外に向け、他の県との連携を強調する以前に、本県に山積する課題を克服することが先だ」というものだった。私は、「首都圏連合は将来の県民生活を確実に向上させるものであり、現在の課題への対応と併せて進めていく必要があるものだ」と答えたが、理解は得られなかった。

県議会は、知事選のいきさつ等から、七割を超える議員がいわゆる「野党」であり、私に批判的であることは先に述べたが、こうして、首都圏連合と道州制は、スタート時に県議会からいきなりNO（ノー）という返事を返されてしまったのである。首都圏連合がそれだけインパクトある政策だという証明でもあるが、県議会の理解を得た上での実現に至る道のりは、大変厳しいものになると覚悟させられた場面であった。

「経営戦略会議」で理論固め

首都圏連合は、県議会から逆風が吹く中での厳しい船出となったが、私としては、マニフェスト初年度目として、何とか平成一五年一一月の首都圏サミットでの提案までは持ち込みたかった。

もともと、大きく体制を変えるような大改革に対して、現状維持を求める強力な抵抗があるのはやむを得ない面がある。今後の進め方として大事なことは、専門家や関係当事者の間だけで賛否両論を戦わせるだけでなく、いかに一般の方々に事の本質を理解してもらい、いかに県民の共感を得て、世論を醸成していくかである。

そのために、講演会やテレビ・ラジオのインタビュー、さらに雑誌への論文発表などあらゆる機会をとらえて、首都圏の自治体が連携を深めることの重要性や首都圏連合の必要性を説いてまわった。なお、周知という面では、幸か不幸か、県議会と私の対立は頻繁に新聞紙上をにぎわしており、その中で、対立する政策の代表として「首都圏連合」が取り上げられることが多かった。これで、「首都圏連合」を知った方も多いのではないだろうか。

こうして周知を進めるのと並行して、理論を精査し、実施に至るまでの戦略を再度しっかり立てることに力を注いだ。そこで大きな力になったのが「21世紀の県政を考える懇談会（通称・経営戦略会議）」である。私は知事に就任して、まず、知事の政策一般の諮問機関的な機構が必要と考え、「経営戦略会議」を設置した。各分野でこの人ありと言われた錚々《そうそう》たる方々に委員に就任していただき、私の政策形成や県政運営にアドバイスをいただきたいという趣旨の会議である。その当面のテーマは、何と言っても首都圏連合だった。私は、この会議からさまざまなサゼスチョンをいただきながら首都圏連合の理論武装をし、慎重に平成一五年一一月の首都圏サミット提案までの戦略を描いていった。

そして、半年かけて次のとおりの案をまとめた。

○「首都圏連合構想」の概要

・首都圏連合は、一都三県とその政令市が参加する地方自治法上の「広域連合」で、将来、道州制に発展することもあり得る。
・首都圏連合の組織は、連合の長と議会によって構成される。
・首都圏連合は、①広域政策の決定、②広域事業の実施、③各都県市の政策間調整、④調査研究機能を担う。

・当面は、「東京湾の水質改善対策」などを進め、今後の課題として「安全・安心の地域づくり」や「交通・都市の基盤づくり」を行う。また、それらを盛り込んだ「首都圏再生計画」を策定する。

そして、首都圏サミットでは、前記案に基づいて首都圏連合を設置することに対して、①各首長の意見を伺い、②併せて、首都圏連合の設置を目指した検討組織の設置を提案する、という作戦を立てた。まずは、「常設事務局の設置」を実現し、「小さく生んで大きく育てる」という姿勢で臨むこととしたのだ。

四都県知事懇談会と千葉県からの牽制球

この間、「追い風」になるような出来事があった。土屋前埼玉県知事が辞任した後を受け、平成一五年一〇月に、私の国会議員時代の盟友である上田清司氏が埼玉県知事に就任したのである。これで首都圏連合構想は大きな援軍を得たことになる。

また、これにより、首都圏の四都県には、石原東京都知事、堂本千葉県知事、上田埼玉県知事、そして私と、皆、国会議員出身の無党派、改革派の知事がそろうことになった。早速、石原知事の呼び掛けで四人の会談が実現し、四人は即座に「首都圏の自治体が連携を深め、国に対抗していこう」という認識で一致した。そして、首都圏サミット（四都県と横浜、川崎、千葉、さいたまの四政令市）とは別に、首都圏の広域課題を話し合う「四都県知事懇談会」を定期的に開催しようと意気投合した。

新聞各紙もこの「四都県知事懇談会」について、「地方から国のあり方を変えていく改革論議が、都道府県の広域連携に後押しされる形で現実味を帯びてきた」「首都圏の各県は、これまで広域連携について、東京の影に埋没しかねないと警戒感を強く持っていたが、これで広域連携をリードする潜在力が強まった」「国を動かす大きな原動力になる」などと評価した。

ところが、首都圏連合構想は、ここで思わぬ抵抗にあった。堂本千葉県知事が反対の姿勢を示し始めたのだ。首都圏四知事の連携が急速に深まったことは、千葉県議会九月定例会でも注目を集め、議会から広域連携の基本姿勢を問われた堂本知事は、「千葉主権を損なうような形で、首都圏連合に千葉が参加することはない」と答えたのだ。堂本知事のこの姿勢は、その後の記者会見でより鮮明にされた。「初めに首都圏連合ありきであり、検討組織の設立を含めて賛成できない。広域課題に取り組む組織として既に八都県市首脳会議があり、首都圏連合は行革に反するものだ。多数決で意思決定する首都圏連合では、羽田空港の騒音問題や廃棄物問題などを抱える千葉県としての主張ができなくなる」ということであった。首都圏サミットへの提案を目前にして、千葉県から投げられた「牽制球」であった。こうして、堂本知事とは意見が対立したまま、首都圏サミットの日を迎えることになってしまった。

首都圏サミットで提案

平成一五年一一月一三日、川崎市で開催された首都圏サミットにおいて、私は、いよいよ「首都圏連合構想」を発表し、その実現に向けた「常設事務局の設置」を提案した。こういう議題は、それぞれの事務局を含めて十分な根回しを行ってから提案するのが慣例だと聞いていたが、私はメンバーの首長と直接議論したかったたし、従来の行政体制の見直しを含むこうしたテーマをボトムアップで議論しても限界があると考え、いわゆる根回しはしなかった。

かくして、各首長さんからは率直な意見が出され、激しい議論が展開された。「議会の反応もあり、つらい」という意見の首長もいた。もちろんこの提案は、各首長にとっては自らの権限を縛る結果になるかもしれないし、議会の同意や住民への説明など必要な手順や障壁を考えると、簡単に賛同できる提案ではないだろう。特に、地方自治法に基づく広域連合制度を活用する点は、いきなり賛同を得られるものではなかった。一方、国に対抗するために連携を強化しようという点には、皆が勇ましい意見を述べ、その方向がはっきり定まった。

そして、堂本知事とは、予想どおり激しい応酬となった。私は、地方から国を動かすためには、首都圏サミットのような緩やかな連携ではなく、「常設事務局」を持って、きちんとした行動主体にならなければいけないことを主張し、堂本知事は、自治体同士利害が対立するテーマで、多数決で決まるような組織には参加したくないと主張した。この議論は平行線のまま推移した。

結局、座長の阿部川崎市長が、広域行政に関する「事務レベルの検討組織」を設けるという折衷案を提示し、各首長が合意するという結果を得て、会議は終了した。

私は、堂本知事の意見に対しては、首都圏連合ができれば、一地域のみに廃棄物や騒音を押し付けるどころか、逆に、首都圏全体の問題としてとらえ、問題を各地域で負担し合う方向にいくに違いないことを分かっていただきたかった。その点、残念ではあったが、堂本知事以外にも、慎重な意見の首長もいらしたので、まずは、温度差があることを受け止めなければならないと思った。しかし、首都圏連合のような連携のあり方を議論すること自体は重要だという意識は共有することができたし、議論の末、首都圏サミットの連携強化に向けて「検討会議」を設置することになったのだ。首都圏サミットへの提案は、首都圏連合に向けてのまず第一歩として、大きな意味があったと考えている。

事務局の設置が実現

この平成一五年一一月のサミットの決定事項である「検討会議の設置」は、平成一六年五月の首都圏サミットで再度検討した際、石原都知事から「事務所スペースを東京都が無償で提供する」という提案がなされ、「事務局」設置の方向に向けて動き出した。首都圏連合構想は、石原知事からありがたいプレゼントをいただいたことになる。

さっそく、各自治体からテーマ別の担当者を出して、青少年問題と三位一体改革について首都圏で連携した取組みを行おうということになった。そして、平成一六年一〇月の首都圏サミットにおいて、この事務局の名称を「首都圏連合協議会」とすることが決定した。提案から一年を要したが、何とか事務局の設置まで歩を進めることができた。ただ、現時点では、「常設事務局」という位置付けをするには、千葉県が依然として難色を示しており、前進とは言っても半歩前進というところだろうか。

(4)　道州制の進展

次に、道州制の実現に向けた取組みについてである。この政策は、県政からすると「長期的かつ政治的な研究課題」という位置付けになるので、神奈川県として、行政改革の中期方針には実現を目指すことは盛り込んでいない。県としては研究するだけである。マニフェストでも政策の推進母体を「知事等の有志」としており、私自身が政治家として進めなければならない課題なのだ。

知事会の初めの反応は極めて低調

平成一五年七月、岐阜県で行われた全国知事会議において、私は「全国知事会の中に道州制の勉強会をつくるべきだ」という提案をした。都道府県の連携については、北東北三県の合併構想を先頭に、九州や近畿圏等でも広域連携の研究に着手しているという現状があった。私は、全国的に広域的な連携に向けた動きがわき上がってくるであろうと感じ、今こそ、都道府県という現場の中心にある知事会自らが、道州制を正面から受け止めた研究に着手すべきであると考えたのだ。もちろん、首都圏連合を視野に入れていることもある。学者や研究者が学問的な提言をする研究会ではなく、また、国の諮問機関のこうあるべきだという答申とも違い、地方自治を実践している知事たちが、道州制の必要性やあり方を議論し、意見をまとめるということの意義は格別に重い。

しかし、私の提案に対して、各知事の反応は驚くほど低調であった。研究会の必要性を認めてくれる知事もいたが強力な後押しは得られず、「時期尚早」という意見や慎重論に押されて、結局、研究会の設置は認められずに閉会してしまった。改革派の知事と連携して、国を変えていくことを目指す私としては、ここで一歩踏み出したかったが、拍子抜けというか、誠に残念な結果であった。

小泉総理に直訴

ところが、平成一五年一一月の総選挙において、道州制はいきなりの盛り上がりを見せた。自民党のマニフェストに「道州制基本法の制定など、道州制導入の検討を進める」ことと「モデルケースとして北海道道州制特区を創設する」ことが公約として掲げられたのだ。さらに、第二七次地方制度調査会が一一月に「道州制の検討を進めるべきだ」という答申を出し、第二八次の同調査会で道州制についての本格的な議論が行われることになった。

こうした中で、一二月一日、首相官邸で恒例の「内閣総理大臣と知事との懇談」が行われた。この席で、私は、小泉総理に道州制に関する私の思いを述べ、三つの質問をぶつけた。①政権公約に道州制を掲げたが、本気で実現する考えがあるのか。②総理の今後の三年間で、どういう道筋で進めていくのか。③現在進んでいる東北三県の合併や首都圏連合などのあり方をどのように評価しているのか、である。

これを受けて、小泉総理は次のように答弁した。

道州制は地方の意欲がなければできないことだ。地方の意欲を尊重し、国は押し付けてはいけない。そういう意味で、首都圏連合でも東北でも、知事が集まってこう考えるというのを歓迎する。そういうことを参考にしながら道州制をやっていこうと思う。これは時間のかかる問題であり、まず、北海道からやって意見を出してもらう。来年度中には具体的な面が出てくると思うので、それを参考に他の地域からも出していただければと思う。

まさに我が意を得たりである。総理の言葉を聞いて、私は、いよいよ中央集権の古い統治機構から、地域主権の新しい日本に改造しようという動きが起こりつつあるのを感じた。

知事会に研究会設置

私が平成一五年七月の全国知事会議で道州制研究会の設置を提案してから一年半、私も機会あるごとに首都圏連合や道州制の必要性を訴え続けてきた。改革派の知事たちと「二一世紀臨調」や「地方分権研究会」に参加して情報発信や提言を行ったり、地方自治の権威である西尾勝教授（国際基督教大学）や新藤宗幸教授（千葉大学）が参加された「都市問題公開講座」（平成一六年九月二五日、主催・財団法人　東京市政調査会）で、「都道府県制に未来はあるのか」をテーマにパネリストとして議論したり、県の事業でも「広域的自治体の将来像を考えるフォーラム」を開催したりした。こうした催しは全国各地で頻繁に行われるようになり、道州制の議論・検討は各界で急速に盛んになっている。この流れを受けて平成一六年四月、全国知事会会長の直属の研究会として、とうとう「道州制研究会」が設置された。今回は、何と、研究会に参加したいという知事が二五人に達したのだ。一年前には一人の賛同も得られなかったことを考えると、隔世の感がある。

「道州制研究会」の初会合は平成一六年八月二六日に開かれた。まずは、各知事たちが道州制に関するそれぞれの思いを述べた程度であったが、報道各紙はこの研究会を好意的に受け止めた。一連の報道を見ると、二五人という過半数の知事が参加していることに大きな意義を見出しているようであり、中には「現実味を帯び始めた道州制論議」というタイトルを掲げたものがあった。ようやく、階段を一歩昇ることができた、これが現在の私の心境である。

(5)　確かな感触

マニフェスト一年目の評価

政策実施から二年余がたった。ここで、この間、首都圏県連合と道州制は、マニフェストの政策として、どれくらいの進捗があったのか検証してみたい。

先に紹介した「松沢マニフェスト進捗評価委員会」による一年目の評価は、首都圏連合については「目標の一部を達成」、道州制については「評価が不能」というものであった。これらの評価を、読者の皆さんはどう受け止められたであろうか。この二つの政策は、進捗度が数字で表せないだけに、進捗評価のしにくい政策である。首都圏連合が設立されたか否か、道州制が導入されたか否かだけで判定すれば一〇〇%か〇%かでしかない。もちろん、設立や導入までは相当な年数を要する政策であり、マニフェストでは四年間の任期を踏まえて、政策目標を「提案すること」に置いている。では、提案さえすれば一〇〇%かと言えば、これも違うだろう。ちなみに、こうした大改革を進めるには、県民の皆さんがどう受け止めるようになったのかが極めて重要であり、そうした世論の動向が改革の方向を決定するのである。そこで、私は、もし世論の形成度合いが表せるならば、それが政策の進捗評価の参考になるのではないかと思っている。

大きな流れ

この間、都道府県の広域連携に関するダイナミックな動きが続いており、そういった意味では、世論は形成されつつあると思う。私は、大きな流れは確実に首都圏連合や道州制に向かいつつあると感じている。その中で、私が首都圏連合構想を提案したことや、道州制の議論喚起に努めたことは、確実に一定の役割を果たしているであろう。二つの政策には、こうした面の評価をいただいてもよいのではないかと思っている。

しかし、この先、住民不在の議論になっては本末転倒だ。今後は、「首都圏連合協議会」を中心に、ホームレス対策や東京湾沿岸の観光資源を結ぶ「ＴＯＫＹＯ　ＢＡＹ　ツーリズム」の推進など、実績をつくっていくことに力を注いでいくつもりだ。また、道州制についても、「経営戦略会議」の議論を受けて平成一六年度から新たに「道州制検討部会」を設けて、道州制のあり方やその実現に向けた道筋などを、大所高所から検討していただいている。このような取組みを踏まえて、県民の皆さんにも十分な情報提供をし、首都圏連合や道州制が必要かどうか、必要だとすればどのような仕事をしてもらうか、あるいはどういう組織にすればよいかなど、突っ込んだ議論をしていただきたいと思う。もちろん県議会の皆さんとも活発な議論をしていきたい。

そうした開かれた議論の中で、私の当初の構想内容が変更されるとしても、多くの人が賛同してくれるような「首都圏連合の設計図」「道州制への道すじ」をまとめることができれば、より確実に実現に近づくものと思っている。

憲法改正に向けて

また、道州制の導入を促進し、地域主権の国家を目指す流れを確かなものにするために、今、憲法改正の議論も巻き起こそうとしている。その第一弾として、「真の地方分権を実現させるには改憲が不可欠だ」と題する論文を発表したところである(『中央公論』二〇〇四年一二月号)。

三位一体改革の混迷ぶりを見ると、「この国のかたち」が変革を遂げるには一体何年かかるのか想像もできない。国会や各政党で憲法改正論議が真剣に行われるようになった今、憲法九条だけでなく、地方自治に関する規定も議論していただきたいのである。議論が盛り上がり、国民のコンセンサスで分権型の地方自治に関する改憲がなされれば、「この国のかたち」は大きく変わる。そうした希望を持って、憲法改正の論議にも力を入れていきたい。

政策実践実例②

「地域経済の再生」――羽田空港国際化と産業の活性化

(1) 神奈川県の危機的状況とポテンシャル

私は、先に述べたように、知事就任の前からも、積極的に県内を回って地域の実情を把握することに努めてきた。中小企業経営者、商店主、消費者、サラリーマン、主婦等々、さまざまな立場の県民の方々との対話を積極的に行うことにより、神奈川の地域経済の厳しい実情や県民生活の実態などを、肌で感じ取ることができた。県民の皆さんの地域経済再生を求める声は強く、行政への期待も大変大きい。私自身、神奈川県経済の危機的な状況に愕然《がくぜん》とし、行政として重点的に取り組まなければならない喫緊の課題であるとの認識を新たにした。マニフェストに経済再生に向けた政策を重点的に位置付けたのは、このような私の問題意識からだ。

神奈川のポテンシャルを生かす

県内を回って、このような危機感を持った一方で、神奈川県における産業活力や経済的なポテンシャルの高さについても実感し、確信を持った。

本県には、従来から、技術力の高い企業や先端的技術産業が立地しており、理工系大学や大学院が多数集積していることもあって、専門的・技術的人材が豊富に蓄積されている。さらに、公的試験研究機関も含め、極めて多数の研究所が集積している。京浜臨海部には、金型加工などの優れた技術力のある中小企業が分厚く集積し、この地域の「ものづくり」を下支えしている状況もある。また、本県は、地理的にも首都東京に隣接しており、首都圏の大市場へのアクセスが極めて容易である。そして、横浜港、川崎港といった国内有数の港を擁し羽田空港にも隣接するなど、国際的な競争のための条件も整っている。

私は、これら産業経済分野での高いポテンシャル、つまり「神奈川力《りょく》」を生かすことで、地域経済の再生は十分可能であるという、確信を持っている。それだけの潜在力、ポテンシャルが神奈川にはあるのだ。それを呼び起こすために、どのようなカンフル剤を打つか、これが勝負だ。

(2)　地域経済の再生はマニフェストの大黒柱

私は、このような思いを持って、マニフェストに、「神奈川力《りょく》で経済を再生」という目標を掲げた。何とか神奈川県経済を再生したい。その実現に向けた政策宣言の大柱の一つなのだ。

生活の基盤を支える経済活動

地域経済と産業の活性化は、福祉・医療・教育等の県民生活にとって不可欠な施策を展開する上で、それを支える基礎的な条件である。地域経済や産業の活性化があって初めて、地域住民の雇用の場が生まれ、生計が成り立ち、消費活動も活性化し、自治体の税収も上がっていって、公共投資も充実する。地域経済から生み出される「富」がなければ、私たちの暮らしも成り立たない。私たちの生活の基盤を支えているのが経済活動である。その面でも、最優先で検討されるべき施策だ。マニフェストへの位置付けには、このような思いがあった。

マニフェストにおける政策

マニフェストにおける経済再生に向けての具体的な政策としては、①京浜臨海部の再生、②ベンチャー企業や新分野の創業支援、③中小企業や地域ビジネスの応援、④「かながわツーリズム構想」の推進の四本を掲げ、それぞれについて具体的な数値目標を明記した。

政策15　京浜臨海部の再生

「羽田空港」の国際化・二四時間化を進め、「京浜臨海部」をハイテク産業、ベンチャー支援、サービス・物流産業等の複合都市として再生し、関係地域の従業者を四五万人以上(二割増)に増やし、景気回復の起爆剤とします。

政策16　ベンチャー企業や新分野の創業支援

アジアとの交流や大学との連携により、高付加価値型のベンチャー企業や新分野の創業を支援し、「二一世紀型産業」を育てます。神奈川の「開業率」を六%以上(全国トップクラス)に引き上げます。

政策17　中小企業や地域ビジネスの応援

高い技術力をもつ中小企業に対して、技術開発、金融等の支援を行い、競争力向上を応援します。また、介護、子育て、教育等の生活関連サービスを提供する「地域ビジネス」に対して、人材養成、拠点整備等の支援を行い、「市民起業」を促進します。これらによって、新規求人数二七万人／年以上（二割増）をめざします。

政策18「かながわツーリズム構想」の推進

県内の歴史・観光・リゾート等の機能を結びつけ、首都圏民や外国人に〝憩いの空間〟を提供する「かながわツーリズム構想」を推進し、県内観光客数の二割増加をめざします。

さまざまな議論

マニフェストに掲げた施策や目標を、どのように県の総合計画に位置付けていくか。先に述べたように、これは大変な難問であった。しかし、地域経済や産業の活性化が待ったなしであることは、県民世論も共通認識であり、議会とも、地域経済立て直しの必要性や緊急性についての認識は、一致していた。そのため、厳しい議会との政策論争の中にあっても、産業の活性化に関する政策は、比較的スムーズに、県の総合計画である「神奈川力《りょく》構想・プロジェクト51」への位置付けができ、並行して具体的な取組みの検討に早期に着手できた分野であった。

産業振興策については、「バブル経済がはじけて以降これまでの一〇年間、行政としてさまざまな手を尽くしてきたが、どれもはっきりとした効果を上げたものがなかったのではないか」「地方政府では、打つ手が限られているのではないか」、このような見方がなされていた。そのような中で、私のマニフェストで示した数値目標――京浜臨海部における雇用の二割増、開業率六％以上への引き上げ、県内の新規求人数二割増、県内観光客数二割増――は、スケールが大きいだけに、議会でも、「根拠なしだ」「無理だ」「絵に描いた餅になる」等々の批判を受けた。

しかし、議会もそうなってほしいという願いは共通であったのだろう。最終的には、「ベンチャー企業の育成と新たな産業の集積促進」「京浜臨海部における産業の活性化と雇用の創出」など、八本の戦略プロジェクトを立てて、「神奈川力《りょく》構想」に位置付けることができた。期待を込めてお手並み拝見というところなのかもしれない。要は、どう実践し、実現するかが問われている。

地域経済の活性化策は、どこの自治体でも必ず取り組んでおり、他県との差別化・差異化や、神奈川県の地域性を踏まえた神奈川ならではの政策が必要である。どれだけインパクトのある政策を打ち出せるか、地方自治体の熱意をどれだけ伝えられるか、そして、創意工夫を凝らし神奈川ならではの新基軸をどう打ち出せるか、このような点が焦点になる。

以下では、地域経済再生に向けてマニフェストに位置付け、それを昇華する形で総合計画に盛り込んだ政策の実践を紹介する。

(3)　羽田空港の再拡張・国際化は、京浜臨海部活性化の起爆剤

京浜臨海部の活性化の取組み

地域経済の再生に向け、最も力を入れている政策の一つが、京浜臨海部の活性化に向けた取組みである。京浜臨海部は、東京湾に面し横浜港から多摩川河口に至る、戦前・戦後の工業用の埋立地を中心とした一帯である。その広さは約六、一〇〇ヘクタール、県内市町村では平塚市一市に匹敵する面積を持つ。昔、小学校の社会科で、「京浜工業地帯」と習った地域の神奈川県部分である。

この地域は、石油・鉄鋼・化学・金属など、日本を代表する重厚長大型産業の一大集積地として、また、高い技術力のある中小企業が重層的に立ち並ぶ工業地域として、約一世紀にわたり、日本の経済発展の牽引役として役割を果たしてきた。しかし、時代の大きな変化の中で、全国的に見ても、

特に産業の空洞化が激しく進んでいる地域である。京浜臨海部は、神奈川県経済の心臓部であり、県経済の再興にとって、この地域の再生は県政の最重要課題の一つである。ポイントは、民間の発想と力をどう引き出すかである。そこで、これまで、横浜市、川崎市、経済団体等と「京浜臨海部再生会議」を設置するなど、官民一体となって活性化に取り組んできたところである。

羽田空港の再拡張・国際化

このような中で、にわかにクローズアップされてきたのが、羽田空港の再拡張・国際化の動きである。平成一三年八月、都市再生プロジェクトの第二次決定の中で、羽田空港の再拡張に早急に着手することとされ、一二月には、国土交通省が「羽田空港の再拡張に関する基本的な考え方」を決定し、平成二一年の開港に向けて、具体的な動きが始まったのである。

私はかねてから、首都圏には二つ以上の国際空港が必要だと主張してきた。三、四〇〇〇万人もの人口を抱える大都市圏で、国際空港が一つしかないというのは、世界でも東京だけだ。首都圏域の活性化や住民の利便性向上にとって、この動きは大いに歓迎したい。

しかし、ここに難問が持ち上がった。再拡張事業に対する地元の費用負担問題である。そもそも羽田空港は、空港整備法で定める「第一種空港」であり、国が設置・管理することが明記されている。

したがって、地方に負担を求めること自体、筋違いな話である。しかし、平成一五年八月に発表された国の事業スキームの中で、地方自治体に対して、滑走路整備事業約七、〇〇〇億円のうち、その約二割に当たる一、三〇〇億円の無利子貸し付けに協力するよう盛り込まれた。そのうち、一、〇〇〇億円は東京都が、三〇〇億円は二政令市を含む神奈川側の負担が要請されたのである。羽田空港の再拡張が、神奈川側に対して、これだけ大きなメリット、波及効果があるということが明らかにできなければ、負担について県民に説明することはできない。

その一つの答えが、羽田空港への神奈川側の玄関口を設けようという「神奈川口《ぐち》」構想の提案であった。この「神奈川口」構想は、それまでも京浜臨海部再生会議で検討され、県議会からも必要性を指摘されていたものであった。この構想を国がしっかりと受け止め、実現に向けた意思表示をしなければ、負担には応じない。その基本的なスタンスで、横浜市、川崎市と連携し、タッグを組んで国と交渉した。神奈川口の基本的な機能、道路・鉄道、まちづくり等々、さまざまな課題をめぐって国との協議を重ねた。そして、神奈川口構想については、国土交通省が主体となり、大臣および三首長で構成する協議会を設け検討していくことで、当時の石原国土交通大臣と合意をすることができたのである。その結果、神奈川県、横浜市、川崎市が、それぞれ一〇〇億円ずつ負担する方向で、羽田の再拡張事業が動き始めることになった。

神奈川口構想とは

それでは「神奈川口《ぐち》構想」とはどういうものなのか。ひと言で言えば、羽田空港の再拡張・国際化により増加する旅客や貨物に対応して、空港関連施設などの機能を神奈川側にも設置し、併せて多摩川を渡る連絡路を新たに整備するというものである。これによって、羽田空港への神奈川側の玄関口となるまちづくりを進め、京浜臨海部の再生を図る。これが「神奈川口」の発想である。

羽田空港の再拡張・国際化は、海外からの新たな物や人の流れを生み出す。そして、その周辺には、付加価値の高い新たな臨空産業の集積も可能性が高まってくる。さらに、人々が憩い集えるアミューズメント（娯楽）施設の立地なども考えられる。このように、再拡張事業は、周辺地域に対しても、波及効果が大いに期待されるプロジェクトである。私は、京浜臨海部の再生、そして神奈川県経済の再生にとって追い風であり、千載一遇のチャンスであると考えている。

産業コンプレックスへ：カジノの提案

京浜臨海部の再生に向けては、この地域の「ものづくり」機能の復権が必要だが、それだけでは限界があると私は考えている。かつての京浜臨海部の製造業には、日本中から若い労働者が集まってきた。しかし、今の製造業は合理化が進み雇用の吸収力が少ない。この地域が新しい発展を目指すのであれば、三千万人に及ぶ首都圏後背地の雇用吸収もできるエリアにしなければいけない。そのためには、商業、サービス業、物流の機能、あるいは人が集まる機能、例えばショッピングセンター、レストラン、アミューズメント施設など、新たな要素を含めた産業コンプレックス（複合集積）が必要だ。それも、人をどれだけ呼べる力があるかが焦点だ。

その意味で私は、京浜臨海部の産業コンプレックスの機能の中に、アミューズメントやエンターテインメントとして、「カジノ」を位置付けてもよいのではないかという提案をしている。先進国でカジノが存在しないのは日本だけだ。競馬や競輪やパチンコが特別法で認められていて、カジノだけがどうしても駄目だという理由はもはや見当たらない。外国では、カジノは老若男女が楽しむ地域の産業になっており、雇用吸収力もある。ラスベガスがその好例だ。ラスベガスは、カジノを利用して、都市開発に大成功した街である。カジノを拠点にテーマパークやホテル、コンベンションなど、さまざまなサービス業をコンプレックスとして展開していく。京浜臨海部の活性化の一つの起爆剤とするためにも、カジノを解禁したらどうか、こういう提案である。

しかし、日本には法律の網がある。可能性としては、構造改革特区の活用もあり得ると思うが、国の規制の厚い壁がある。既存の制度や規制との闘い、まさにカジノ問題はその象徴でもある。

(4) 神奈川県への産業集積策に知恵を絞る

企業の誘致合戦は、日本対アジア諸国など、国際的な競争の時代に入っている。国内でも、自治体間の競争が非常に激しさを増している。神奈川県も、自治体間競争を生き抜くために、産業の集積に向けて本格的に取り組まなければならない状況だ。しかも、ここに来て景気が回復基調になり、企業の設備投資マインドも回復傾向が顕著になりつつある。また、高付加価値型産業の国内回帰の傾向も見られる中にあって、企業誘致にとって絶好の機会が訪れようとしている。これを逃してはならない。

総合的な企業誘致策「インベスト神奈川」の策定

全国で、あらゆる自治体が企業誘致に力を入れている。企業が立地する際に、いかに優れたインセンティブ(誘因・動機付け)を用意できるか、その知恵比べ、競争の時代だ。神奈川県としても、他県に負けない魅力ある企業誘致の総合戦略を示すことが、勝負の分かれ目になる、

そこで、平成一五年一二月、副知事をトップに庁内を横断する検討組織を設置し、神奈川の持つさまざまなポテンシャルを生かした、他県を凌《しの》ぐ企業誘致策について検討を開始した。若手職員を

中心としたワーキングチームも設置し、そのアイデアも取り入れながら、平成一六年九月に、かながわらしい産業集積促進方策、通称「インベスト神奈川」として取りまとめることができた。

この方策では、「今後五年間の企業立地件数を過去五年間の二倍に」という数値目標を掲げ、経済的な支援策と併せて、産業インフラの整備、さらに誘致に向けた体制の整備という三本柱で総合的に取り組むことを宣言した。

最大八〇億円の助成

最初に、経済的なインセンティブである。これは、最も端的な目に見える企業誘致の条件であり、全国比較で、どれだけ魅力のあるものとすることができるかが勝負となる。

まず、企業の投資に対する助成制度である。工場・本社には設備投資額の一〇%で最大五〇億円、研究所には設備投資額の一五%で最大八〇億円という、国内最高水準の助成制度を打ち出した。この制度により、地価など他県に比べて高いと言われる本県のイニシャルコストの緩和をねらっている。研究機関の集積は神奈川の魅力を一層高めるものであり、実績では研究所が進出した際の設備投資額が大きく、雇用面・税収面での波及効果も高いことから、研究所の助成措置をより優遇することとした。この点に、神奈川らしい特徴を持たせている。

さらに、雇用を奨励する助成制度もつくった。これは、立地企業に対して、新規の県内常用雇用者数等を条件として助成するもので、七〇人以上を雇用した場合、七一人目から一人当たり一〇〇万円、二億円を限度として助成する。この支援により、県民の雇用機会拡大の効果を期待している。

その他にも、特に中小企業に焦点を合わせた融資制度を創設し、これまでの利率等の優遇を図り、併せて、不動産取得税、法人事業税の軽減など税制措置までも総動員して、総合的なインセンティブを打ち出している。

産業インフラの整備

企業の立地マインドは、経済的な要素だけではない。いかに消費地・生産地に短時間でアクセスできるか、水・電力の供給はどうか、土地利用の規制があるかどうかなど、企業活動を行う上での総合的な利便性がポイントとなる。

神奈川県では、主要道路の混雑が著しく、企業活動に大きな支障をもたらしている現状がある。また、高速道路インターチェンジ周辺の土地利用に対する要望も強く、企業からは、道路の新設・改良や土地利用など、産業インフラ面での整備が強く求められている。

そこで、公共投資の「選択と集中」を行い、ここ数年の財政状況では成し得なかった、産業基盤として必要な幹線道路や、地域分断やボトルネックの解消に有効な橋梁・幹線道路の整備に、重点的に取り組んでいくこととしている。また、企業においては、インターチェンジ周辺などの市街化調整区域内における立地意向が強いことから、土地利用面での規制緩和を図り、立地を促進することも目指している。例えば、市街化調整区域内の地区計画については、開発抑止の観点から、これまで県としての同意基準を限定的に運用していたが、平成一六年六月に基準を改正し、「地域経済の活性化に資する産業政策上必要な区域」については、対象区域として同意できることに改めた。このような土地利用の面からも、企業の誘致を後押しすることとした。

ワンストップ体制の整備

企業が立地する際、関係法令が輻輳《ふくそう》して県や市町村の窓口における手続きが複雑かつ煩雑であるため、企業立地に求められるスピードがそがれているという指摘がある。そのため、企業誘致室を新設して、そこに「かながわ企業誘致ワンストップ・ステーション」を設置し、開発許可等、企業の課題をワンストップで受け止めることとしている。この体制を通じて、諸手続きや照会回答に要する時間を従来より短縮・スピードアップし、専任の担当者によるフェイス・トゥ・フェイスの関係を構築していく。

トップセールスの展開

さらに、この総合的な企業誘致インセンティブパッケージである「インベスト神奈川」を武器に、県内外、さらには国外に向けて、どのように積極的な情報発信とPRを行っていくか、これが重要である。とかく行政はPRが下手。せっかく良いものをつくっても、知ってもらえなければ宝の持ち腐れだ。そこで、知事である私自身が、自ら「トップセールス」に奔走することとした。神奈川県の企業誘致に向けた熱意を、身をもって示すためだ。

まず、平成一六年六月、アメリカのメリーランド州を訪問し、経済交流の促進やバイオ関連企業誘致のためのトップセールスを行ってきた。この成果として、メリーランド州に企業誘致の拠点として経済交流事務所を設置することとなった。さらに一一月には、ドイツ・バーデンビュルテンベルク州、英国・南東イングランド開発公社、フランス・オードセーヌ県を訪問し、神奈川経済セミナーを開いて、この産業集積策をPRしてきた。その結果、オードセーヌ県が、平成一七年度に、神奈川県内に日本経済事務所を開設することになった。一二月には、東京丸の内で、首都圏の企業約七〇社を対象に、神奈川県の産業集積策について、私自らが積極的にPRを行う説明会も開催した。そして、平成一七年一月には、中国遼寧省の大連市に赴いて企業誘致プロモーションを実施し、その場で、大連市に立地するソフトウェア産業関連企業の本県への進出が決定した。

(5)　これからが正念場

「インベスト神奈川」を公表して以来、企業の県内進出や、既存立地企業の投資拡大が急ピッチで進んでいる。数多くの企業からの問い合わせもいただいており、おかげさまで好調な滑り出しである。

進む企業投資とR&Dネットワーク構想

平成一六年一二月には、「富士写真フイルム」の「先進コア技術研究所」を、神奈川県の開成町に建設することが決まった。インベスト神奈川の申請第一号である。この研究所は、グループ全体の基礎研究拠点となるもので、地域経済への波及は計り知れない。その後、「日本ゼオン」(川崎市川崎区・研究所新設)、「東京応化工業」(寒川町・研究所新設)、「新日本石油精製」(横浜市神奈川区・工場新設)、「味の素」(川崎市川崎区・研究所及び工場新設)、「リコー」(海老名市・研究所新設)、「湘南デザイン」(相模原市・本社工場新設)、「旭硝子」(横浜市鶴見区、研究所新設)、「日産自動車」(厚木市・研究所新設)、「ソニー」(厚木市・研究所新設)と、現時点(平成一七年三月)で、既に一〇企業が研究所・工場等の投資を決定し、県に施設整備助成金の申請を行っている状況にある。これらの一〇社での総投資額は約一、五〇〇億円にも及ぶ。まさに企業誘致の新たな展開に向けて、順調なスタートを切ることができたと言える。

また、これらの研究所群の新設によって、県の産業技術総合研究所や地元工科系大学等と連携した、研究所ネットワークの仕組みづくりも可能になってくる。三月には、これを「神奈川R&Dネットワーク構想」として打ち出すことができた。技術情報の交換や共同研究によって、新たな高付加価値産業につなげて、先進的な取組みを模索している。県内における企業の新たな投資は、このようなさまざまな可能性を生み出すことになり、今後の神奈川経済の再生にとって、大きな役割を果たしていくことを確信している。

一方、国と地方自治体との関係も、大きく変わっていこうとしている。現在進められている三位一体改革では、経済産業省の補助金が廃止される方向が打ち出された。これから、国の指導ではなく、いよいよ地域の工夫で地域経済の振興を図っていく時代がやってくる。地域の特性を常に意識して、その地域に合った政策を打ち出していく。そのためには、行政も民間も創意工夫が不可欠だ。知恵と行動力のない地域は地盤沈下する。神奈川県経済の再生も、まさに正念場にきている。

厳しい外部委員会評価

経済再生の分野については、私自身積極的に取り組んできた分野であったが、知事就任後一年目の平成一六年四月の時点では、企業誘致等の成果がまだ現れていなかったことから、先に紹介したマニフェストの進捗評価委員会の評価は総じて厳しいものだった。行政職員の中には、構想や指針をつくり具体的な事業に着手したことをもって、一応一段落という面が多々見受けられるが、評価されるのは結果である。例えば、京浜臨海部の雇用者や県内の観光客が、目標に対してどの程度増えたのか、具体的な成果を数字の上で示さなければ合格点はもらえないということだ。この辺が、マニフェストの厳しさであり、透明性であると思う。

政策実践実例③

「治安回復」――安全で安心して暮らせる地域社会を目指して

(1) 安全神話の崩壊、住民ニーズナンバーワンは治安の回復

私がマニフェストに掲げた三七本の政策のうち、メディアにも頻繁に取り上げられ、注目されたのが「警察力の増強」である。

治安の悪化

神奈川県の治安は悪化している。知事選に向けて、県内各地で有権者の方々と対話をする中で、どの地域でも一様に、多くの方々から身の回りの治安に対する不安を訴えられた。改めて調べてみると、それは数字の上にも顕著に表れていた。神奈川県では、平成七年から平成一四年まで八年間連続して刑法犯認知件数(刑法犯罪と警察が認知した件数)は増加を続け、平成一四年には一九万一七

三件と、戦後最多を記録している。中でも、ひったくりや路上強盗などの「街頭犯罪」、空き巣などの「侵入犯罪」といった身近な犯罪の増加が顕著だ。そして、その一方で検挙率は低下の一途をたどっている。これでは皆が不安を覚えるのも当然だろう。犯罪は決して遠くの出来事ではなく、誰もがいつ巻き込まれてもおかしくない、身近なものになってきてしまっている。「水と安全はタダ」と言われてきた日本の安全神話は、既に崩壊しているのだ。

このように、多くの県民が身近に不安を感じており、県民にとって治安の確保が何よりの願いになっている。いくら産業政策や福祉政策を充実させても、安心して暮らせる地域社会でなければその効果は半減してしまうだろう。「治安対策」は、すべての政策の基本となるものだ。そんな思いから、私はマニフェストの政策の中でも、特に緊急に、また力を入れて実行すべき政策として、「安全・安心」を取り戻すための政策を挙げた。

(2)　行政職員を一、五〇〇人削減して、警察職員を一、五〇〇人増員

身近な治安を回復し、「安全・安心」を取り戻すために、私はマニフェストに「犯罪対策」と「暴走族根絶条例」という二つの政策を掲げた。

政策35　犯罪対策

犯罪の激増と凶悪化・粗暴化に対応して、警察官の増員(一、五〇〇名)と専門能力の向上、交番の増設、交番相談員等の配置、組織の情報化等の体制整備を進め、神奈川の「安全」を取り戻します。

マニフェスト作成時点で公表されていた神奈川県の刑法犯検挙率は二四・五%(平成一二年)。平成七年に四九・五%であった検挙率は、数年の間に半減している。治安回復に向けてまず必要なことは、警察力を増強し、犯罪検挙率を上げていくことだ。しかし、神奈川県の警察官一人が担う人口は、全国平均に比べてかなり多い。都市部を中心に犯罪が多様化、複雑化している中で、警察官の絶対数が不足しているのが現状だ。また、人員不足のため警察官が不在の、いわゆる「空き交番」が増加しており、県民が地域の安全・安心に対する不安感を抱く一因となっている。

ニューヨークのジュリアーニ前市長は、全米一の犯罪都市だったニューヨーク市の治安回復に大きな成果を上げた。彼の、小さな犯罪(ひとつの破れ窓)を放置しないことが重大な犯罪の抑止につながるという、いわゆる「破れ窓理論」は有名だが、併せて警察官の大増員を含む思い切った警察組織の強化を推し進めたことが、犯罪発生の大幅減少に結び付いている。

そこで、知事の任期である四年間で、

・警察官の増員(一、五〇〇人)や警察OB等による交番相談員の増員など警察の人的体制の整備
・警察署・交番等の増設、自治会・学校・NPOなど地域との連携促進

などの施策を実施することにより、検挙率を平成七年並みの五〇%程度に回復させようというのがねらいだ。なお、この検挙率については、マニフェスト作成時に入手できた最新のデータが平成一二年時点の二四・五%であったために、それを平成七年の水準まで戻すことは実現可能と考え、五〇%程度という目標を設定した。しかし、その後平成一四年には一九・二%とさらに低下していたことや国の検挙率の算定方法が変更されたことなどから、県の総合計画では、平成一八年までに検挙率二五%を目指すという、より現実的な目標として位置付けた。

「警察官一、五〇〇人増員」が、私のマニフェストの中で注目されたのは、警察力増強に対する県民ニーズがそれだけ高かったということに加えて、警察官一、五〇〇人増員のための財源を、行政職員の一、五〇〇人削減により生み出す、という手法を明記したからであろう。従来の選挙公約であれば「治安対策に厳しく取り組んでまいります」とか「警察官を増やして治安を守ります」ということだけで十分であった。しかし、県財政が逼迫している中で、警察官一、五〇〇人増員に必要な財源をどのように捻出していくのか。マニフェストでは、政策実現に至る具体的な筋道や財政措置を

示さなければならない。その結論が、行政職員の数を四年間で一、五〇〇人削減し、財源を生み出すというものである。

(3) 警察力増強に向けた取組み

知事に就任後早々に、私は県内の治安悪化の実態を把握するために、夜の繁華街の視察や、地域の警察署でのヒアリングなどを行った。街頭犯罪など身近な犯罪の多発化に加えて、青少年や来日外国人による犯罪の増加など、犯罪が極めて多様化している実態を目の当たりにして、神奈川の「安全」を回復していくための対策を、早急に、そして集中的に実施していくことが極めて重要であることを改めて確信した。

警察官の政令定数は国が握っている

しかし、治安回復のためにまず必要な「警察官増員」の政策を実現していく上で最大の壁となったのは、警察官の定数が警察法に基づく警察庁の政令で決められており、国が決定権を持っているということだ。自治体が勝手に増やすことができないわけではないが、政令の定数を基に地方交付税が算定されているため、自治体独自の警察官には財源手当てがないし、また、独自の定数を定めたりすると、悪い意味での富裕団体とみなされ、国から厳しい指導を受ける。治安という身近な問題であり、また、警察官の人件費のほとんどは地方で負担しているにもかかわらず、地方には決定権がないのだ。国でも全国的な治安状況の悪化を踏まえて、地方警察官の増員を進めてはいるが、本県に何人増員されるかは国が決めるのである。こうした実情を踏まえて、国への要望活動を行っていくしかない。実際、県ではこれまでも警察官の増員を毎年国に要望してきており、ここ数年は国の警察官増員計画の下で政令定数が増やされ、本県の警察官も平成一三年度から一五年度までの三年間で一、〇四〇人増加している。しかし、このペースでは目標である四年間で一、五〇〇人の増は難しいし、今後引き続き増員が図られるかについても保証の限りではない。

こうした状況を打開していくために、平成一五年六月、知事部局と警察本部の人事、財政部門の幹部職員を構成員とする「警察力向上のための知事部局・警察本部連絡会議（略称：警察力向上連絡会議）」を新たに発足させ、警察官の増員を含む警察力向上を図るための具体的な方策を検討していくことにした。

警察官等の実質的な増員一、五〇〇人

「警察力向上連絡会議」では、主に警察官の増員方策、一般事務職員の県警への派遣、交番相談員などへの非常勤職員の活用、そして警察署・交番の増設などについて集中的に検討が行われた。警察にとっては、警察官の増員は長年の要望であるが、前述のように、それは国頼みの部分が大きい。また、県職員を減らして警察官を増やすということを考えると、県職員の警察への派遣という方法も選択肢として考えられるが、県と同様警察職員の削減を進めている県警の行革の方向性に逆行してしまう。なにより、警察にとって本当に強化したいのは、「空き交番」など地域住民から一番求められている部門なのだ。連絡会議では、こうした双方の実情を踏まえて、お互いの組織や雇用の形態等を精査しながら、実行可能な方策についてさまざまなアイデアを出し合った。その結果、次の方策により「警察官等の実質的増員一、五〇〇人」を目指していくこととなった。

・増員目標

平成一九年四月までに次のとおり増員を目指す。

①警察官　一、〇〇〇人

②非常勤職員（交番相談員等）　三〇〇人
③県職員の活用　二〇〇人

・取組み方策
①警察官：政令定数分を基本として増員する。
②非常勤職員：既存の非常勤職員の業務を見直しつつ、「交番相談員」「警察安全相談員」「駐車対策サポーター」「暴走族相談員」など、重要性、緊急性の高い職種を優先的に増員する。
③県職員の活用：知事部局に「くらし安全指導員」を配置し、警察と連携して防犯、少年非行防止、交通安全等の教育活動、街頭キャンペーン等を行う。

このように、警察官の増員に加えて、内部で勤務している警察官の代わりに非常勤職員や県職員の活用を図ることにより、現場にいる警察職員を実質的に一、五〇〇人増やし、警察力の増強を図っていくという点がポイントだ。

警察官の増員については、国が新たな「緊急治安対策プログラム」により、警察官の一万人増員計画を打ち出し、平成一六年度に本県の政令定数が二四〇人増員されるようになったこと等を踏まえて、以後四年間で一、〇〇〇人の増員を確保していくこととした。また、警察官OBの再雇用などによる非常勤職員を三〇〇人増員し、空き交番対策や警察署での県民相談などに対応する。警察官OBの活用は、警察業務を熟知しており即戦力として期待できるとともに、若い警察官の指導にも当たることができるなど、さまざまなメリットが期待できる。

「くらし安全指導員」

そして、本県独自の新しい取組みとして打ち出したのが、県職員の活用、すなわち「くらし安全指導員」の創設だ。

県内には幼稚園から高等学校、自治会、老人クラブなど、防犯や非行防止、交通安全教育の対象となる団体が、約一万五千団体あり、これらの団体から、警察に対して防犯教室等の依頼が多く寄せられている。これは今まで警察官がやってきた仕事であるが、そのすべてに警察官が対応していると、本来警察官がやらなければならないパトロールや犯罪捜査に人員が向けられない。警察官でなくてもできる、こうした仕事を県の職員が分担して行うことにより、一人でも多くの警察官が第一線の現場に出ることができれば実質的な警察力の増強につながる。また、県職員が地域、警察、行政の連携を図りながら活動を行っていくことにより、県内の自主防犯組織のネットワークづくりにもつながっていく。

このような考えから、新たに県職員による「くらし安全指導員」を平成一九年四月までに二〇〇人知事部局に配置し、従来警察官が中心となって対応していた県内の学校や自治会などを対象とした、防犯、少年非行防止、交通安全教室や街頭キャンペーンなどを、警察と連携して行ってもらうことにした。この制度は、平成一六年度からスタートし、初年度には五〇人の「くらし安全指導員」を県民部に配置した。こうした業務は本人の高い意識とやる気が最も大切であることから、選任に当たっては知事部局職員や教員の中から、「やる気第一主義」で、意欲のある職員を広く公募した。

警察署などでの二カ月の研修期間を経て、指導員たちは県内各地で活発な活動を展開している。

指導員の主な活動としては、

・各地の町内会や自治会などの会合に出向き、身近な犯罪の発生状況や手口、防犯対策などを説明する「防犯教室」

・学校などで子供たちや保護者に向けて青少年非行や薬物乱用の実態、誘拐防止対策などを教える「非行防止教室」や「誘拐防止教室」

・地域の方々が行う「防犯パトロール」への参加や防犯対策指導や自主防犯活動のネットワーク

・学校、自治会、各種団体が行う防犯や非行防止などのキャンペーンへの参加・協力
・学校などから要望を受けて実施する「交通安全教室」や「暴走族加入阻止教室」

などである。活動開始後八カ月間で「くらし安全指導員」が行った防犯教室などへの参加者は二一万人を超え、県民のニーズが高いことが実感される。今後の新たな取組みとして、市町村・警察・学校・企業・NPOなどと連携して、地域での自主防犯組織をネットワーク化して地域の防犯力の向上のために汗を流してもらうことになっている。また、このような制度は全国初ということもあって、多くの自治体から問い合わせが来ている。

一般職員削減の難しさ

その一方で、マニフェストに掲げた行政職員の一、五〇〇人削減も、号令一つで実現するような簡単な課題ではない。神奈川県では、既に、私の前任の岡崎知事時代から、全国に先駆けて一〇%削減という数値目標を定めて職員削減に強力に取り組んでおり、平成九年度に一三、五五一人だった知事部局の職員数は、平成一五年度には一一、九七〇人(削減率一一・七%)と、設定した目標を上回る規模の減員を実現していた。神奈川県は、全国でも最も積極的にスリム化を進め、既に目標を

達成しているのだ。私のマニフェストは、その上でさらに一、五〇〇人削減しようというものであり、大変厳しい目標だ。

しかし、行政改革は「ここまでやればいい」というものではなく、社会の激しい変化に応じて柔軟に対応できるスリムで効率的な県政を目指して、絶えず全力で取り組んでいかなければならない。こうした認識の下に、庁内でのさまざまな議論の結果、出先機関の再編や民間活力の活用、さらなる施策・事業の見直しなどにより、平成一八年度を目途に知事部局職員数を一、〇〇〇人削減していくとともに、教育委員会など他の任命権者の事務職員についても知事部局と同一の歩調で職員数削減を進めていくことを、県の「行政システム改革の中期方針」に位置付けた。

ただ、非常に厳しい財政状況の中で、削減や節減ばかりでは職員のやる気は失われてしまうだろう。この「中期方針」では、これまでの県行政の効率化、スリム化の取組みに加えて、県の機能や役割の強化と純化、すなわち県行政の重点化を目指している。警察官等の実質的増員のように、県民ニーズの高い分野には職員を重点配置するといった「選択と集中」が必要だ。また、県庁内の英知と活力を結集していくために「やる気第一主義」を掲げて、「庁内公募制度」の大幅な拡大などさまざまな県庁改革に取り組んでいる。

(4) 暴走族追放促進条例成立——マニフェスト達成第一号

暴走族対策の遅れ

前章でも述べたが、各地でさまざまなNPOの人たちに出会った中で非常に印象に残ったのが、鎌倉で暴走族の追放運動に取り組んでいるNPOだった。神奈川は暴走族が多い県の一つといわれ、暴走族による犯罪被害が後を絶たない。暴走族は、交通法規違反やさまざまな迷惑行為だけでなく、市民を巻き込んだ凶悪事件まで引き起こしている。私が県議会議員であった平成元年には、片瀬江ノ島駅付近で、毎日新聞記者が暴走族に暴行を受け死亡するというショッキングな事件が起こっている。さらに、平成一三年には、開成町でも暴走族集団による傷害致死事件が発生している。さらに暴力団への資金源・予備軍にもなっており、治安だけでなく青少年の健全育成の観点からも、実効性のある規制条例の制定が喫緊の課題だ。

全国の多くの自治体が既に暴走族の追放や根絶条例を制定しているが、暴走族が横行する湘南海岸などを抱えているのに、神奈川県を含めて、県内の自治体でも「暴走族根絶条例」が未制定という現状を、私は非常に不思議に感じていた。運動をしているNPOの人たちから、神奈川の暴走族の実情やさまざまな訴えを聞いて、私は早急な対応の必要性を強く感じた。

政策36　暴走族根絶条例

暴走族が様々な犯罪を引き起こし、無関係の市民をターゲットにした凶悪事件も生じていることから、公共の場での集会の禁止、暴走のあおり行為の禁止、オートバイ等の没収(使用凍結)などを定める「暴走族根絶条例」をつくります。

マニフェストでは、

・公共の場での集会の禁止
・暴走行為に対するあおり行為の禁止
・整備不良車に対する給油の禁止
・暴走行為に使用したオートバイの没収(使用凍結)

など、罰則を盛り込んだ条例を平成一六年度までに制定することを提起した。また、暴走族が暴力団の予備軍になっているケースも多いことから、警察、地域、ＮＰＯと協力した暴走族の解散指導や更生支援についても条例に盛り込むこととした。

マニフェスト達成第一号

平成一五年一二月、「神奈川県暴走族等の追放の促進に関する条例」が成立、翌年四月一日から施行され、マニフェスト達成第一号の政策となった。

県では、平成一四年に県交通安全対策協議会の中に、「暴走族問題専門委員会」を設置し、今後の暴走族対策のあり方についてさまざまな検討が進められていた。知事就任直後の平成一五年七月には、専門委員会での議論を踏まえて、県や県民、保護者などの責務、勧誘・脱退妨害・助長行為の禁止などを盛り込んだ、総合的な条例の早期制定を求める最終報告書が提出された。この報告書を受けて、パブリックコメントによる県民意見の集約を行い、条例案を平成一五年一二月県議会定例会に提案した。

専門委員会の報告書でも指摘されているが、広域化、先鋭化、凶悪化し、暴力団予備軍の様相を呈している暴走族を県内から追放するためには、条例による実効性のある規制を行うとともに、「県民総ぐるみ」での取組みを広げていくことが非常に重要である。この条例は、大きく分けて「暴走族を許さない社会環境の醸成」「暴走族への加入阻止・離脱促進」、そして「暴走族の取り締まり強化」という三本の柱から構成されている。そして、これまで刑法をはじめ現行の法令では取り締まることができなかった暴走族の行為や、その周辺で集団暴走を助長する行為などについて罰則を伴う禁止規定を設けた。

具体的には、

・いわゆる「特攻服」を着るなどして、鉄パイプ等を携帯して公共の場所に集合した場合(五万円以下の罰金)

・車台番号の識別が困難な自動二輪車の運行(三〇万円以下の罰金)

・暴力団員などが暴走族に「走り料」や「面倒見料」など金品を要求した場合(六カ月以下の懲役又は三〇万円以下の罰金)

・暴走族への加入の勧誘や強制、脱退の妨害(六カ月以下の懲役又は三〇万円以下の罰金)

・暴走行為を行っている者に対して、声援、拍手等による「あおり行為」をし、かつ警察官の中止命令に違反した場合(五万円以下の罰金)

である。また、暴走族の周辺には、車両の不正改造や特攻服の販売など、暴走行為を支えているさまざまな事業者が存在していることも看過できないことから、事業者の責務として、自動車部品販売や修理、燃料販売、特攻服の販売などにより暴走行為を助長することのないよう努めなければならないことを規定した。

さらに、最近は中学校などの先輩後輩といった人間関係から暴走族に引き込まれる例が多く、こうした形での暴走族への加入を阻止するとともに、暴走族に入ってしまった少年の更生を進めていくために、「暴走族相談員」を置き、暴走族からの脱退などに関する相談や支援を行っていくことなども盛り込んだ。

(5) 安全・安心まちづくりの推進に向けて

これまで、マニフェストに掲げた「警察力の増強」と「暴走族根絶条例」について、政策の実現化に向けた取組みを紹介してきたが、神奈川の「安全」を取り戻していくためには、警察力だけではなく、県の全庁を挙げた取組みが不可欠だ。犯罪も医療と同じく予防が必要である。県民一人ひとりが防犯意識を高め、犯罪が起こりにくい地域社会をつくっていけば、結果として犯罪の発生自体の抑制につながる。そのためには、警察をはじめ、行政、県民、事業者、民間団体などが力を合わせて、県民総ぐるみの運動として取り組んでいかなければならない。

こうした考えの下、「安全・安心まちづくり」を県政の最重要課題として位置付け、総合的な取組みを進めてきた。以下、これまでの主な取組みについて簡単に紹介したい。

推進体制の整備――警察出身の副知事誕生

まず着手したのが、治安対策を総合的に推進していくための、県庁横断的な推進体制づくりである。

警察本部は知事部局とは別の組織であり、通常、警察業務に関して県知事は予算を通して関与するだけでしかない。しかし、「安全・安心のまちづくり」を進めていく上では、知事部局と警察本部との密接な連携が鍵になる。そこで、私が打った手は、県政史上初となる県警察からの副知事登用である。平成一五年一〇月に、警察本部出身の大木宏之氏の副知事就任を実現させた。そして、同年一一月には、大木副知事を本部長とし、警察本部長や教育長、関係部局長で構成される「安全・安心まちづくり推進本部」を設置し、県庁組織を挙げた推進体制をスタートさせた。大木副知事には、警察と知事部局の組織をつなぎ、総合的な取組みの陣頭指揮を執るという、非常に大きな役割を果たしてもらっている。

さらに、翌平成一六年四月には、安全・安心まちづくりに向けた条例の制定や県民運動の推進を図る担当セクションとして、県民部に「安全・安心まちづくり推進課」を新設し、推進体制の充実を図った。そして、平成一七年四月には、治安・防犯だけでなく防災も加え、総合的な安全・安心のまちづくりを進めるため、県民部の安全・安心まちづくり部門と防災局を合体させて、新たに安全防災局を創設する予定である。

安全・安心のまちづくり推進条例の制定

こうした推進体制での議論や有識者からの提言、県民からの意見などを踏まえて、平成一六年一二月には「神奈川県犯罪のない安全・安心まちづくり推進条例」を制定した。

この条例は、地域社会に安全・安心を取り戻すために、県や警察、あるいは地域社会がどういう役割を担って、どういう行動を起こしていくべきなのかを定めた、今後の取組みのよりどころとなる条例である。条例では、犯罪のない安全で安心な地域社会の実現に向けた、県、県民、事業者の責務や相互協力について規定するとともに、県民の防犯意識の向上や民間団体の自主防犯活動への支援などを位置付けた。また、住宅、道路、公園、商業施設等における犯罪の防止に配慮した生活環境の整備や学校における児童の安全確保に関する規定、さらに、犯罪により被害を受けた者やその家族に対する支援の規定なども盛り込んだ。

(6)　犯罪のない地域社会を実現するために

一年目の進捗評価

松沢マニフェスト進捗評価委員会による一年目の評価は、まず、犯罪対策に関しては、検挙率の発表がなされる前であったために達成度の評価はできないとされたが、「神奈川県犯罪のない安全・安心まちづくり推進条例」の制定準備などで一定の評価をいただいた。

一方、暴走族根絶条例の制定に関しては、期限を一年前倒しで実現したとしてA評価をいただいた。

これまでも治安対策は急務という強い危機感を持って、知事就任以来、犯罪のない地域社会づくりに向けたさまざまな施策に全力を挙げて取り組んできた。これまでの取組みを振り返って、安全・安心まちづくりのための推進体制の整備、警察力増強に向けた道筋づくり、そしてマニフェスト達成第一号となった「暴走族追放促進条例」や「安全・安心まちづくり推進条例」の制定など、治安対策推進のための基礎づくりについてはほぼやり終えることができたのではないかと考えている。全国で初となる「くらし安全指導員」制度の発足のように、ユニークな施策も打ち出すことができた。

今後は県民運動の展開へ

確かに、県警察本部の統計によれば、県内の平成一六年一月から一二月の刑法犯罪は、警察の取り締まり強化等の結果、検挙件数、検挙人数ともに、昨年同時期と比べて改善されており、検挙率も二五・四％と大きく向上した。また、刑法犯認知件数も一八万三千件台と、平成一五年中に比べ三千件余り減り、二年連続の減少となった。これは非常に明るいニュースではあるが、一方で、空き巣やひったくりなど県民の身近で起こる犯罪は未だ増加傾向にある。また、オレオレ詐欺や架空請求などのいわゆる「振り込め詐欺」による高額被害も後を絶たない。

治安対策に終わりはない。犯罪のない安全で安心な地域社会を実現するためには、警察の力に頼るだけでなく、県民一人ひとりが「自分の身は自分で守る」「自分たちのまちは自分たちで守る」という意識を持って、身の回りでできることから取り組んでいくことが重要だ。これまで整備した治安対策のための推進体制や条例を基に、警察、行政、県民、事業者、民間団体の連携・協力による県民総ぐるみの運動として今後いかに盛り上げていくかが、これからの課題である。

希望の光が見えるＮＰＯ活動

そうした中で、私が非常に心強く感じているのは、県内各地でさまざまな自主防犯活動に取り組んでいる、多くのＮＰＯや自治組織、住民などの存在だ。

例えば、繁華街などの夜間パトロールや青少年に有害なビラの撤去などを行っているＮＰＯや、「民間交番」を設置して地域の防犯対策に取り組んでいるボランティア組織がある。各自治会や町内会などでも、防犯の腕章をつけて住宅街のパトロールを行ったり、自主的な防犯教室を開いたりと、工夫を凝らした活動が活発になっている。

また、ガソリンスタンドや理容店、コンビニなどが、緊急避難所として「かけこみ一一〇番」を設置するなど、商店や事業者の活動も盛んになっており、つい最近も県自動車整備振興会が県内の三、〇〇〇を超える加盟店で「かけこみ一一〇番」事業をスタートした。

私も、これまで地域での活動現場を何度か訪れ、激励や意見交換をさせていただいたが、熱心な取組みに頭の下がる思いがする。こうした活動がさらに広がるように、県としてもできる限りの支援を行っていくとともに、彼らとスクラムを組んで神奈川の治安回復に取り組んでいきたいと考えている。

第四章　ともに民主政治の「ゲーム」を変えよう
——政治改革の「プレーヤー」たちへ

マニフェストの運動は、その後も、次々と新たな展開を見せている。地方だけではなく、国政レベルの「パーティー・マニフェスト」も選挙に不可欠のツール(道具)となりつつある。ローカル・マニフェストに関しても、新たな「参戦」が相次いでいる。そうした運動をさらに加速・拡大する動きも生まれている。

マニフェスト政治を定着させ、本格的な政治改革を図るためには、多様なマニフェストの担い手が結集する必要がある。

本章では、マニフェストの広がりとともに、多様な担い手への期待を述べてみたい。

1　ローカル・マニフェストの新展開

平成一五年四月の統一地方選挙の際には、私のほかに、北海道の高橋知事、岩手県の増田知事、福井県の西川知事、福岡県の麻生知事、佐賀県の古川知事がマニフェストを作成し、選挙を勝ち抜いた。惜しくも落選した候補者でもマニフェストを作成した方もいる。また、市長選挙でも、岐阜県多治見市の西寺市長、愛知県犬山市の石田市長、大阪府枚方市の中司市長がマニフェストを提示した。統一地方選以降も、埼玉県の上田知事をはじめ、知事あるいは市町村長が次々とマニフェストを作成し、当選を果たしている。まさに燎原《りょうげん》の火のごとく全国にマニフェスト首長が広がり、地方政治の改革に取り組んでいる。

そして、平成一五年一一月の衆議院総選挙、一六年の参議院議員選挙でも国政レベルでの「政党のマニフェスト」が提起されるようになった。国政においても、政策中心の選挙への道が開かれつつある。

マニフェストを国民運動に

私は、今後、マニフェストを国民運動にしたいと思っている。まず、さらなるマニフェスト首長の誕生を訴えたい。やはり、各地方の首長選挙では、必ずマニフェストを出してもらう。期限付き、数値目標、財源、手法、全部付けて公開していただきたい。きちんとしたマニフェストを誠実に作っている候補者には、熱いエールを送りたいし、内容に賛同できれば可能な限り具体的な支援を行っていきたいと考えている。

北川正恭氏(早稲田大学マニフェスト研究所所長)とも、連携を約束している。北川氏は、平成一六年九月、私を含めて五人の県知事のマニフェストを評価検証する「ローカル・マニフェスト評価検証大会」を開催されたのを皮切りに、一一月には市町村長レベルの「ローカル・マニフェスト推進大会」を開かれた。そして、平成一七年二月四日には、私も呼び掛け人の一人となって「ローカル・マニフェスト推進首長連盟」とＮＰＯや研究者等による「ローカル・マニフェスト推進ネットワーク」が設立された。テーマは、「民主政治のゲームを変えよう」である。お任せ政治、無責任政治を一掃して、政策中心・有権者本位の民主政治の実現を目指す。

平成の大合併後に予定されている市長選挙をはじめ、地方での首長選挙において、ローカル・マニフェスト選挙を推進する体制は整いつつある。もちろん、国政選挙では、政党に必ずマニフェストを出してもらうことも強く訴え続けたい。

マニフェストを基に、どの政党や候補者に、この先四年間の国政や県政などを任せたら、有権者の皆さんが望むように日本や地域を変えてくれるのか、そうした選択基準で有権者に選んでもらうという、政策中心の選挙を実現していきたい。

民主主義のツールとして

マニフェスト選挙によって政権を与えた政党や首長を、選挙後は有権者自らがマニフェストを基に常にチェックしていく。「マニフェストで約束した以上、実現に向けて努力しなければ次は政権を変えるぞ」というプレッシャーを常に政党や政治家に与えて、政策・改革を実行させる。そういう運動を展開していきたい。任期の四年間、具体的な目標が出ているので、有権者の皆さんに進行状況も含めてチェックをしていただくことが重要である。

一方で、マニフェストを掲げた政治家や政党には、その進捗状況をすべて情報公開していく義務がある。マニフェストは、こうした政策の情報公開も促進することになるのである。マニフェストは、選挙で戦うためというより、その後の任期に緊張ある政策実現のための政治が行われるということに意義がある。すなわち「マニフェスト・サイクル」といわれるようにマニフェストを軸に据えて、「プラン・ドゥ・チェック・アクション」というPDCAサイクルを回していくことが肝要である。マニフェストは有権者の判断に基づいて政治が運営されるという、まさに「民主主義のツール」としての役割を持っていることを指摘しておきたい。

公職選挙法の改正を

選挙での体験でも述べたように、マニフェストをより有効に機能させるためには、公職選挙法の改正が必要である。公職選挙法は、平成一五年一〇月に改正され、選挙期間中にマニフェストの冊子を配布できるようになった。選挙期間中に限り、「国政に関する重要政策等を記載したパンフレット等」すなわちマニフェストの配布が認められる。しかし、冊子のページ数と部数の制限はないが、配布場所は公職選挙法で規定する法定ビラと同じように、街頭演説会場や選挙事務所内などに限定され、新聞折り込みや戸別配布は禁止されている。最大の問題は、対象となる選挙が、衆議院と参議院の本選挙のみで、地方選や補欠選挙は除かれていることである。マニフェストを配布できないという苦労は第二章で紹介したとおりである。

今後は、地方選挙でも堂々とマニフェストを配布することができるように、法律を改正する必要がある。もちろん頒布も可能にして、書店や駅の売店、コンビニ等でも有権者が気軽に入手できるようにすることも重要だ。インターネットのホームページでのマニフェスト公開も、より自由にできるようにすべきだろう。

2　マニフェスト政治を実現するために

マニフェスト政治を定着させ、政治改革を果たしていく上では、この「ゲーム」に参加する「プレーヤー」が、主役・脇役を問わず、意識変革と行動変容を起こすことが求められる。それぞれの「プレーヤー」に改革の実行に参加してもらいたい。その期待を込めて、期待される役割と転換の方向を提案したい。

首長への期待

首長には、地方から日本を変えていく大きな運動に、ぜひとも参加してほしいと思う。この運動は、各地方できちんと民主主義の政治を組み立て、政策中心の政治・行政を実現することから始まる。マニフェストはその出発点となる。

まず、地域の人々の声を聞き、地域の課題をきちんと把握するとともに、先進的な政策を研究することから始まる。自身の政治姿勢や改革の方向を整理することも重要だ。できれば、市民参画の工夫をして、有権者とともにマニフェストを作成できれば望ましい。ＮＰＯからの政策提案も積極的に求め、取り入れていくことだ。マニフェストは有権者との約束である。その約束を、初めから対話型で作っていけたら民主主義はより深化するだろう。

現職の首長に特に求めたいのは情報公開だ。私自身そして神奈川県の課題であるが、政策、財務状況、予算編成過程などをはじめ、各種の調査結果や審議会等の情報公開も重要である。単なる公開を超えて、積極的に情報の提供に努めるべきだ。

情報公開は有権者の皆さんが、マニフェストの評価を行う上で不可欠である。また、新人の首長候補が立候補する場合には、そうした公開された政策情報は新人候補がマニフェストを作成する上で不可欠となってくる。これは、政策中心の選挙にしていく上でも大切なことではないか。

もちろんマニフェストを掲げて当選した首長は、その進捗状況をすべて情報公開していく義務がある。さらには、ご自身でも毎年、マニフェストの進捗評価を行うことを提案したい。政治家として自己評価を行うことで、より力を入れて推進すべき政策が見えてくるし、有権者へのメッセージを発することにもつながる。こうしたマニフェスト・サイクルを回しながら、情報公開や市民とのコミュニケーションを大切にしていきたい。マニフェストは、このように政策の情報公開も促進することになるのである。

議員への期待

議員の皆さんにも、マニフェスト政治では新しい役割が期待される。

まず、選挙の時には、議員の皆さんには、例えば会派ごとにマニフェストを作るという方法がある。あるいは、議員候補個人あるいは会派と、マニフェストを掲げた首長候補者との間で、マニフェスト実現に向けての協定なり協約のようなものを結んでいくという方法も考えられよう。いずれにせよ、議員候補者としても、マニフェストに対する態度の表明が求められていくことになるだろう。

選挙後は、議会活動を中心に、二元代表制の一方の担い手として、首長のマニフェストの進捗状況をきちんと確認し、評価し、チェックしていただくことが求められる。もちろん、マニフェストを土台に作られる行政計画についても、政策評価によるチェックが求められる。マニフェストの評価においては、議員の役割が大きいことは言うまでもない。マニフェストの進捗評価は、行政計画に昇華された政策の評価と表裏一体である。議員に求められる役割として、政策評価の機能がクローズアップされてくる。政策の進捗状況を把握し、評価を下す。さらには、そこにある課題や隘路《あいろ》を発見し、議会活動を通じてその改善を求め、対案を提案していくのである。

もう一つは有権者への情報伝達である。進捗状況にしても評価にしても、さらには改善提案にしても、議会の場のみでは有権者への伝達は十分ではない。これまでにも増して、マニフェストの現状を有権者に伝える努力と工夫が求められる。

選挙の時に、議員候補者として首長のマニフェストに対する態度表明をした場合には、賛成であれ反対であれ、マニフェストの行く末に対して説明責任があることは間違いない。仮に、当選後に態度の変更をした場合には、首長が説明責任を負うように、議員としても有権者に対する説明を行う義務があると言うべきであろう。

いずれにせよ、首長と議会の間では、いい意味での緊張関係が高まることが期待される。これが議会自身の政策評価、政策形成機能の向上のきっかけにもなる。そして、議員と有権者の関係にもマニフェストを契機に変化が生まれてくるだろう。マニフェストという新しい政治手法には、最初は戸惑いや混乱があるかもしれないが、議会と首長がマニフェストをめぐって論戦を戦わせることを通じて、政策論議を中心にした議会の活性化にもつながる。

一般有権者への期待

マニフェスト政治の主役はあくまで有権者の皆さんである。有権者がマニフェストを通じて候補者を選択し、首長の政策実践を評価、チェックし、四年間の任期満了の時には、実績をマニフェストと対比して評価し、現職に対する審判を下していただく。こうしたマニフェスト・サイクルによって政治を主権者=有権者のコントロールの下に置くことができる。有権者からのチェックが厳しければ厳しいほど、選ばれた政治家・政党は真剣に公約実現に取り組むことになる。「お任せ政治」を脱却し、有権者の責任として、マニフェストで約束した以上、必ず政策を実行するようプレッシャーを常に政治家に与えて、政策と改革を実行させるのだ。

これまでの選挙では、スローガンのような公約が多かったため、政策の選択が不可能であった。しかし、今後は候補者のマニフェストを見れば、その地域の将来の政策を選択することが可能となってきたのだ。選挙前にマニフェスト作成に参画する可能性もあるだろう。選挙自体が、単なる人気投票ではなく、まさに有権者による政策選択の機会となっていくのである。

さらに、選挙後はマニフェストがどこまで実現できているか、進行状況をチェックしたり、意見をぶつけることによって、政権自体に影響力を行使できるのである。破られるのが当たり前だったかつての公約とは違って、マニフェストは明確な約束である。その約束がどこまで守られたかという客観的な実績によって、次の選挙の時には現職首長に対する審判を下すこともできるのだ。有権者にとっては、本物の政治改革に参画できるといっても過言ではない。

NPOへの期待

また、マニフェスト政治においては、さまざまな分野で活動しているNPOや市民活動団体の役割にも大きな期待が寄せられる。

まず、マニフェスト作成の段階において、NPOによる政策提案が期待される。それぞれのNPOが専門とする分野の政策を候補(予定)者に提案するのも有効だろう。あるいは、既に奈良市などでも実例が出てきているが、NPOがマニフェストを作成し、候補者や政党に提示してその実現に取り組んでもらう。まさにアメリカのように、NPOであるシンクタンクが政策形成に参加するのである。

今後、選挙の時に、十分な時間的な余裕をもってマニフェストを提示することができるようになれば、複数の候補者のマニフェストをNPOが比較評価して、その結果を有権者の判断に役立てていくことも可能になっていくだろう。

評価の段階でも、ＮＰＯの果たす役割は大きい。ＮＰＯが政治家とは独立した第三者の立場から、専門能力を発揮して、マニフェストの評価を行うのである。その評価過程に市民に参加してもらう仕組みをつくったり、その結果を市民に分かりやすく提供することが期待される。

私のマニフェストについても、複数のＮＰＯが、中立の立場から評価に取り組んでくれている。評価にはさまざまな評価基準があっていい。それぞれの基準と評価の根拠を明らかにしていただき、さまざまな視点からの評価をいただければ、マニフェストを推進していく際の参考として大いに活用させていただきたい。

このようにＮＰＯは、シンクタンク的な機能を果たすことによって、政治家と一般有権者の間を結ぶパイプ役になることが期待される。

マスコミへの期待

マニフェスト政治においては、情報が大変大きな役割を果たす。このため、マスコミの役割は重要である。インターネットなどが発達してきた今日でも、多くの人々への情報伝達や、世論形成という点では、新聞やテレビ・ラジオなどのマスメディアの役割は重要だ。

選挙時には、マニフェストを要約して有権者に広く知っていただくことはもとより、各候補者のマニフェストを比較分析して掲載することも必要だろう。当選後は、最も日常的に首長にアプローチできるのはマスメディアの記者であるから、機会あるごとにマニフェストに掲げた政策の進捗状況や方針などを追跡し、時々刻々と報道していただきたいと思う。さらに、評価の結果やその後の対応などもぜひフォローしていただきたい。

マスコミには、分かりやすい形に情報をかみ砕いて、有権者・市民に伝達していただくことが重要である。

自治体職員への期待

第二章での神奈川県の例でも分かるように、行政のプロとして働いている職員にとっても、マニフェストはこれまでに経験のない出来事である。これまでは、首長がスローガンのような公約を掲げて行政の長に就いた後で、公約は公約として横に置いておいて、いわゆる積み上げ方式で、職員側から首長に総合計画案を提案する。そして、首長に承認され、職員が中心になって作られた計画を、行政の計画として実施に移すというパターンがほとんどであった。

ところが、マニフェスト政治ではこの構造は一変する。新たな首長は、具体的な政策集を携えて行政に乗り込んでくるわけである。当然のことながら、有権者との約束でもある。したがって、初めに首長から職員に向けて原案を提示するという構図になる。すなわち総合計画の骨格あるいは素案をマニフェストという形で首長が職員に示し、それを土台として総合計画を作り上げるわけである。

官僚機構にとっては明治以来初めて経験する政策形成プロセスと言っても過言ではない。職員にとっては、マニフェストという形で有権者の具体的な命を受け、首長の政策方針に基づいて行政事務を執行することになる。しかし、職員がまさに「公僕」として、主権者たる市民が選択した政策の下で働くというのは、当たり前のことであろう。もちろん政策形成にあたっては、職員からの提案も生かされることになるが、その骨格はあくまで主権者に選ばれた首長が示すべきだ。そうした当然の主権在民の政治・行政を、マニフェストによって初めて切り拓くことができるのである。

職員にとっては、一八〇度の発想の転換が求められるだろう。そもそも、公共政策や公共サービスを行政の独占物と考えているような古い思考回路は、時代遅れであることから出発しなければならないであろう。新たな時代にマッチした、市民と行政の関係、市民と政治の関係、そして政治と行政の関係を、マニフェスト・サイクルを通じて創造していくのである。そうした意義を一人でも多くの職員に理解してもらいたい。

資　　料

○関連ウェブサイト集

○参考文献

○神奈川力《りょく》宣言　マニフェスト（政策宣言）
——神奈川力で日本を動かす

関連ウェブサイト集

松沢しげふみ公式サイト
http://www.matsuzawa.com/

松沢しげふみ神奈川力宣言
http://www.matsuzawa.com/kanagawa/

松沢しげふみのマニフェスト（政策宣言）
http://www.matsuzawa.com/kanagawa/k_power/k_power.htm

松沢マニフェスト進捗評価委員会評価結果
http://www.matsuzawa.com/kanagawa/h15m_01.htm

マニフェスト自己評価の結果
http://www.matsuzawa.com/kanagawa/h15m.htm

マニフェスト推進の現状と私の考え方について（2004年［平成16年］5月31日）
http://www.matsuzawa.com/kanagawa/h15m_03.htm

神奈川県
http://www.pref.kanagawa.jp/

神奈川力構想・プロジェクト51（「政策宣言［マニフェスト］に掲げられた政策［施策案］の新総合計画等への反映状況について」を含む）
http://www.pref.kanagawa.jp/osirase/seityo/0415HP/hyoushi.htm

行政システム改革の中期方針
http://www.pref.kanagawa.jp/gyoukaku/tyuki-houshin/houshin/zenbun.pdf

地域主権実現のための中期方針
http://www.pref.kanagawa.jp/osirase/kikakusomu/tyuukihousin.htm

早稲田大学マニフェスト研究所
http://www.waseda.jp/prj-manifesto/

自治創造コンソーシアム
http://www.jichi.org/index.html

参考文献

◆雑誌・論文
「神奈川維新への挑戦」『VOICE』2003年３月号、松沢成文、PHP研究所

◆書籍
『ローカル・マニフェスト—政治への信頼回復をめざして—』四日市大学地域政策研究所（ローカル・マニフェスト研究会）、イマジン出版、2003年
『マニフェスト—新しい政治の潮流—』金井辰樹、光文社新書、2003年10月
『ローカル・マニフェストによる地方のガバナンス改革』UFJ総合研究所国土・地域政策部、ぎょうせい、2004年７月

221　松沢しげふみ・神奈川力宣言(1)

県民の皆さまへ

私、松沢しげふみは、このたび新たなチャレンジを決意いたしました。私の決意は、「神奈川の力で日本を動かすこと」そして「神奈川の危機を打破し、再生すること」にあります。

そのために私が行う取組みについて、この「マニフェスト」を作成いたしました。このマニフェストは、過日発表した「主要政策・ＴＲＹ１０（トライテン）」の方針を踏まえて、さらに各政策の目標、手法、期限、財源の具体的な内容をお示ししたものです。

「マニフェスト」とは、英国・米国の国政選挙において各政党が有権者に対して、政権をとった場合に実施する政策を具体的かつ体系的に示した有権者との契約文書をいいます。日本でいう「選挙公約」と似ていますが、日本の選挙公約の多くは「あれもやります、これもやります」式の、具体性のない“願望リスト”にとどまっています。これに対して、マニフェストは数値をもって具体的に記述している点が特徴です。

私は、今回のチャレンジにあたり、このマニフェストづくりに挑戦し、県民の皆さまにその実現に向けて全力をつくすことをお約束する次第です。

もちろん、県知事は独裁者ではありません。政策の実現に向けて、県民、県議会、県職員等との意見交換、交渉が必要であることは言うまでもありません。その結果、このマニフェストで示した政策の変更を求められることもあるでしょう。

また、県政をとりまく状況は日々変動しますので、政策内容を具体的に示すほど、これを変更すべき場合も生じてまいります。

ただ、これらの場合には、私は皆さまにその理由や経過をきちんと説明し、新たな目標や対応をご提案いたします。その意味で、このマニフェストは、今後の変化に対応する余地を残しながらも、皆さまと私の約束の基盤になるものと考えております。

皆さまのご理解とご賛同を心からお願い申し上げます。

平成１５年３月１７日

神奈川力をつくる会

松　沢　しげふみ

http://www.kanagawapower.com

３つの基本方向

私は、次の３つの方向に向けて県政を改革し、神奈川の力で日本を動かします。

①生活者本位の県政　－しがらみのない、「元気な神奈川」をつくる

既得権益を断ち、県民参加のしくみと生活者本位の政策を展開します。

②地域主権の県政　－神奈川の力で日本の「構造改革」を進める

首都圏連合を実現し、道州制への転換を図るなど、地域主権の取り組みを進めます。

③２１世紀を拓く県政　－「ゼロ成長時代」に対応する、新しいしくみをつくる

人口、税収等が減少する時代に対応して、行財政システムと県庁組織の改革を行います。

５つの“日本一”目標

私は、５つの「日本一」をめざして、各種の政策を実施します。

①ＮＰＯ日本一

多様なＮＰＯの活動を支援し、ＮＰＯとの協働で生活者本位の政策づくりを進めます。

②ベンチャー日本一

ベンチャー企業や県民の「起業」を応援し、活力ある地域社会をつくります。

③水源環境日本一

丹沢大山などの水源地域を再生し、県民参加型の環境保全のしくみをつくります。

④子育て・教育日本一

子育て環境を整えるとともに、教育改革を推進し、教育立県をめざします。

⑤暮らし安全日本一

犯罪、災害に強い地域をつくります。基地を縮小し、個人情報を守ります。

【お断り】「政策宣言」の各政策は、知事の任期中（15～18 年度）に実施することを前提にしていますので、各目標数値は特に記載していない限り平成 18 年度末までに達成することをめざすものです。また、格別の財政支出を要しない場合には、「財源」の欄を割愛しました。

政　策　宣　言

【PART I　神奈川力で日本を変える】

政策１　国から都道府県へ5.5兆円の税財源の移譲を勝ち取り、県税収の1,400億円増収を図ります。

【目標】・現行６：４で配分されている国税：地方税の比率が、５：５となるよう、国税のうち**5.5兆円程度の税源**（所得税から3.0兆円、消費税から2.5兆円）**を地方に移譲**するなど、税制改革に取り組みます。

・これにより、神奈川県の税収は**約1,400億円の増収**となります。（5.5兆円を1999年の全地方税収入3.5兆円に占める県税収の割合で按分）

【方法】・首長有志で連携するとともに、政党に働きかけ、県民・国民の理解を求め、国に税制改革を求めます。

図1-1　神奈川県の地方税収入の変化（単位：億円）

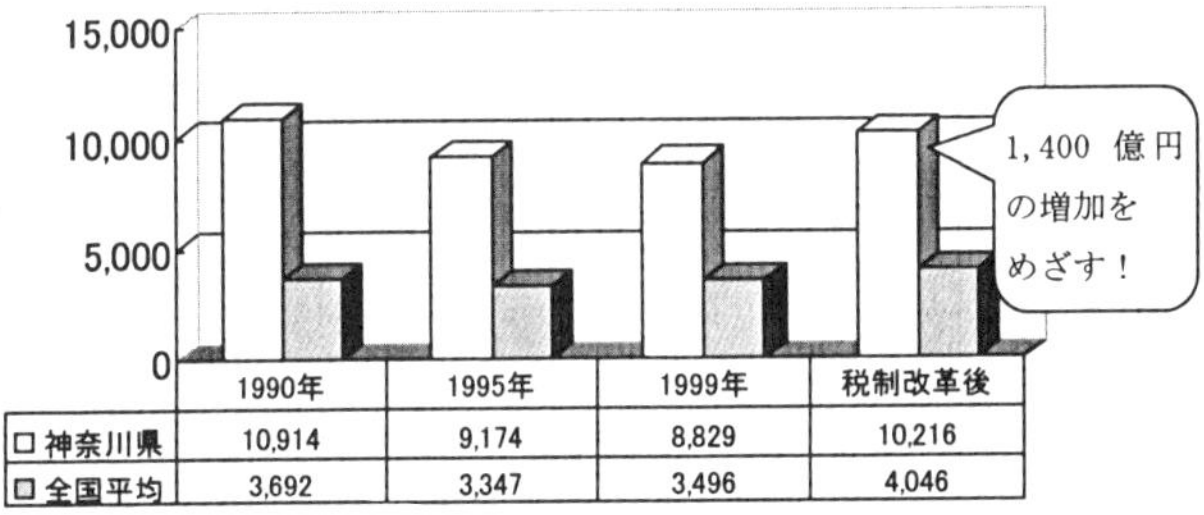

	1990年	1995年	1999年	税制改革後
□神奈川県	10,914	9,174	8,829	10,216
□全国平均	3,692	3,347	3,496	4,046

図1－2　一般会計歳入予算の内訳(14年度)

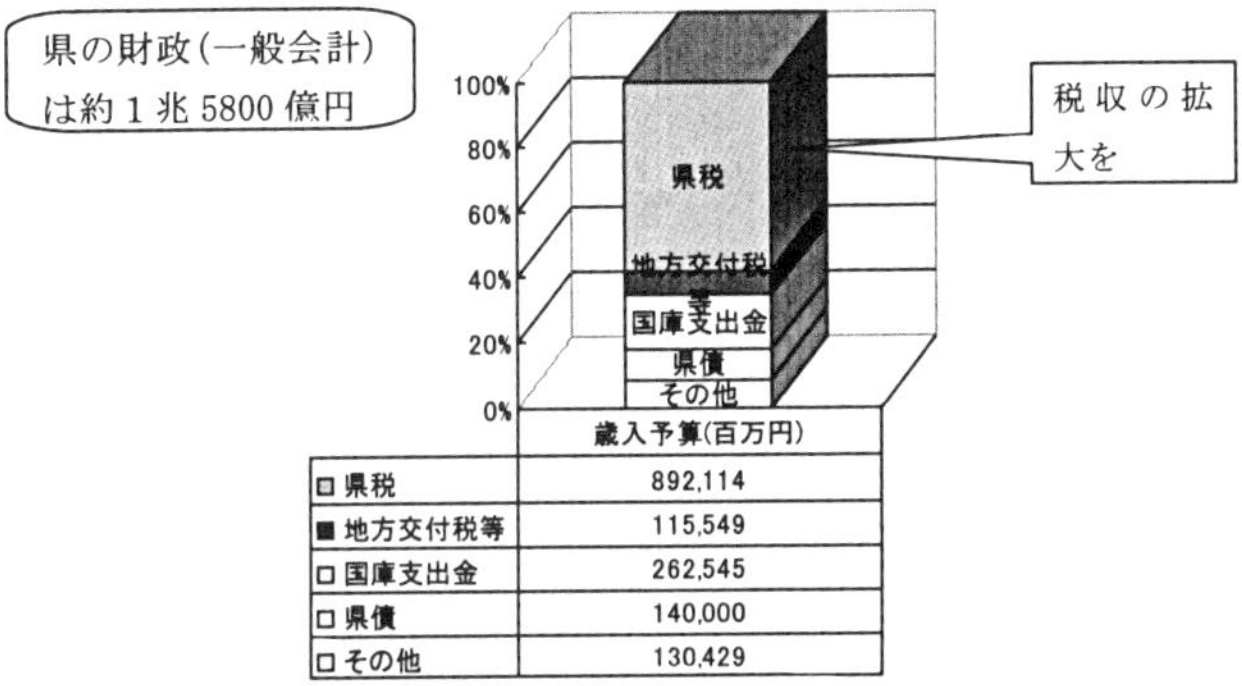

	歳入予算(百万円)
□県税	892,114
■地方交付税等	115,549
□国庫支出金	262,545
□県債	140,000
□その他	130,429

政策２　生活圏、経済圏の拡大に伴う行政課題の広域化に対応して、新たな広域政府「首都圏連合」の設置を提案し、首都圏全域を対象とする広域政策を推進します。

【目標】①モータリゼーション（自動車交通の発達）等に伴い、住民の生活圏や経済圏が拡大する中で、首都圏全体で対応すべき広域的な課題が増大しています。
ＥＵ（ヨーロッパ連合）が国の壁を乗り越えてつくられたように、神奈川、東京、千葉、埼玉等が参加する**新たな広域政府（自治のシステム）として「首都圏連合」の設立**を神奈川から提案します。

②首都圏連合は、各都県の権限はもとより、国の権限の移譲を受けて、**交通、環境、産業、防災等の首都圏政策を計画的に展開**します。

【方法】①「首都圏連合」は地方自治法上の「広域連合」の一つとして設置します。

※広域連合は市町村が介護保険事業等を目的として設置した例は多いが、都道府県同士で結成した例はありません。

②首都圏連合には、各知事（または住民）の選挙により「連合長」を、また各議会（または住民）の選挙による議員で構成される「連合議会」を設置します。

③首都圏連合では、現在国が策定している首都圏整備計画に代えて、連合独自の「首都圏広域計画」を策定し、上記政策の推進を図ります。

図２　現行「首都圏整備計画」抜粋（業務核都市と広域道路網）

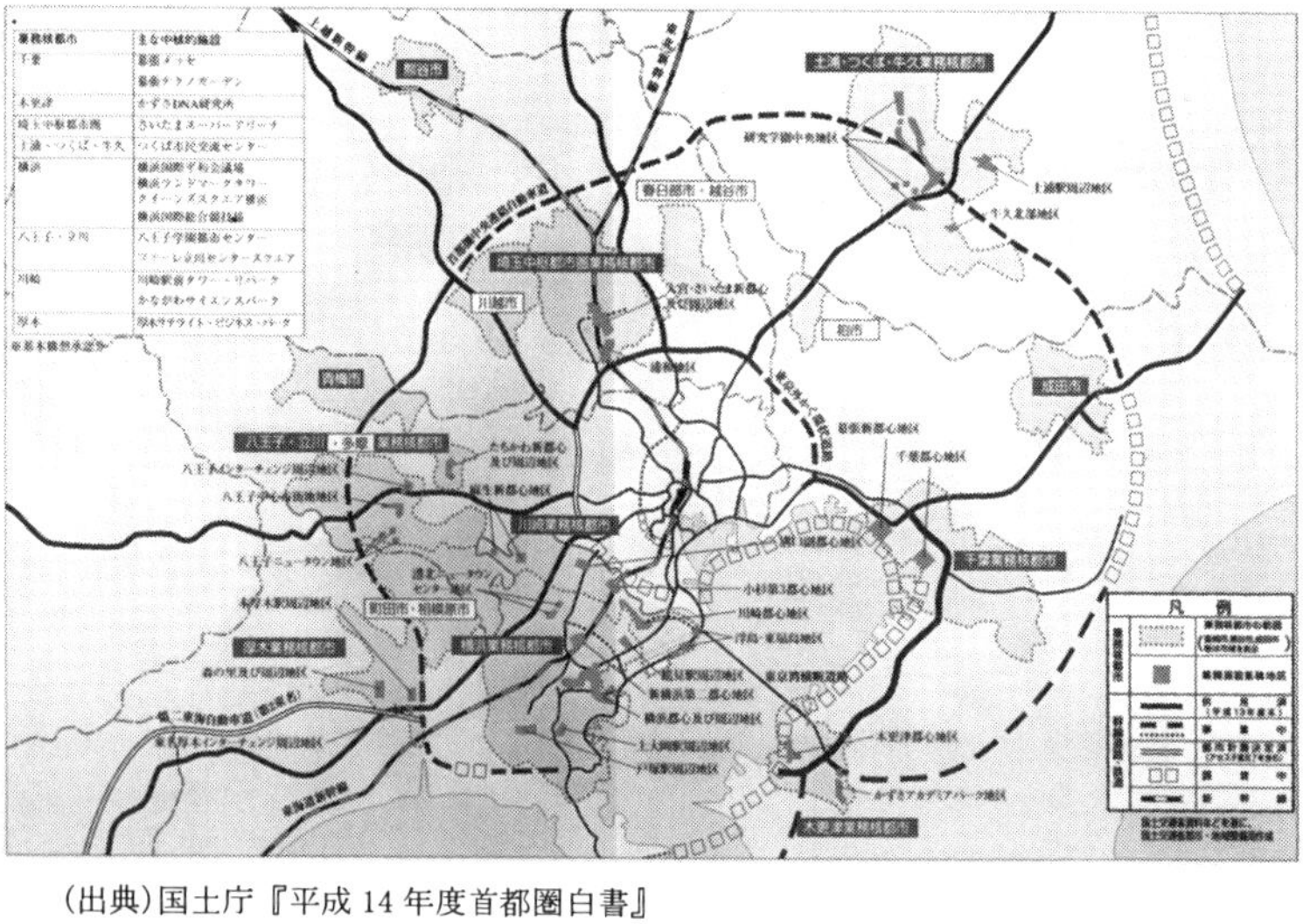

（出典）国土庁『平成 14 年度首都圏白書』

政策３　すでに130年が経過した現行の「都道府県制」から「道州制」への転換を提案し、分権型の地域主権国家の実現を図ります。

【目標】①現行の「都道府県制」は約130年前の廃藩置県の際につくられ、すでに社会需要に合致しなくなっています。**分権型の地域主権を実現するには、これを廃止し、「道州制」への転換を進める**必要があります。

②「道州」は全国で10〜11設置するものとしますが、当面、地域を限って導入することも可能とします（一国多制度）。

【方法】①道州制に関する研究を進め、道州制に関する「提言」を公表します。

②知事等の有志による推進組織を結成し、道州制への移行のための「10年計画」を策定し、各政党や国民への働きかけを行います。

③地方自治法等の法律において、自治体として「道・州」と「市・町」を設置することを定め、道州制への移行を実現します。

④あわせて市町村の権限・財源を強化し、市町村中心の地方自治を実現します。

【期限】18年までに道筋をつくり、2015年（平成27年）までの実現を目標とします。

図3　道州制の具体的イメージ

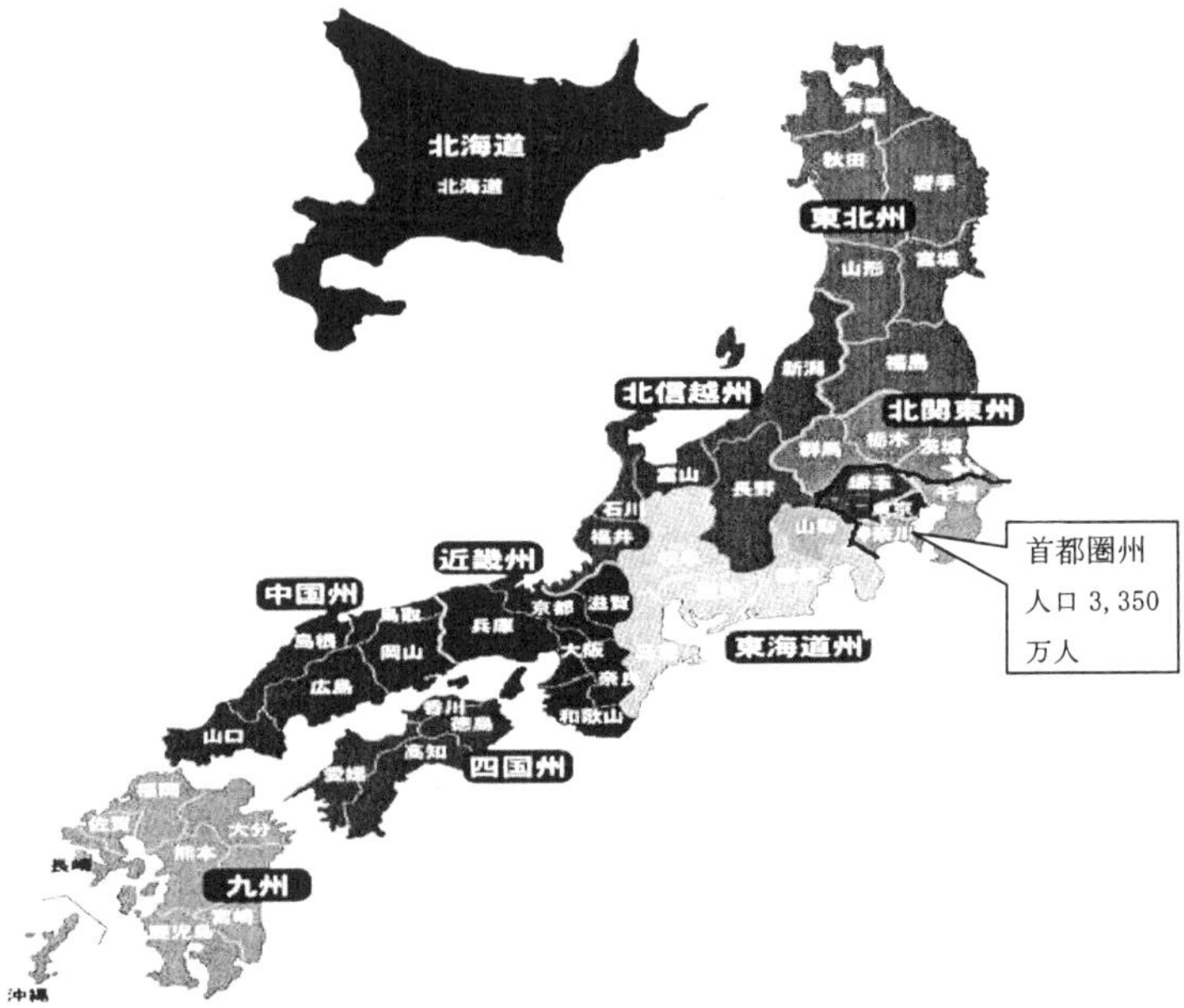

【PARTⅡ　神奈川力で県政を変える】

政策４　「県民との情報共有化」を進めるため、知事交際費を全面公開するなど徹底した情報公開を行い、「情報公開度」ベスト３をめざします。また、県が開催する会議は、一部の例外を除いてすべて公開します。

【目標】①神奈川県は、都道府県で初めて公文書公開条例を制定した情報公開先進県でしたが、その後の対応不足により、現在、市民団体調査による**「情報公開度」は全国 11 位**となっています。この数字は限られた項目による評価ですが、目安になる数値であり、神奈川ｓ県がもはや情報公開先進県ではないことは事実です。私は、これを**少なくとも３位まで引き上げます**。

②インターネット等による県からの情報提供を進めるとともに、知事が地域に出かけて県民と意見交換を行う**「タウンミーティング」**を開催します。

【方法】①知事等の交際費、職員の出張費を全面公開するとともに、警察関係文書や外郭団体・第三セクターの文書についても関係機関と調整のうえ公開します。

②インターネットや郵送により、自宅にいながら情報公開請求ができる仕組みを導入し、請求手続の簡素化・迅速化を進めます。

③情報公開・情報提供の窓口を「県民情報センター」として整備し、その運営をＮＰＯに委託することにより、県民の立場に立って情報公開や情報提供を進めます。

④県が主催する会議については、プライバシー等にかかわるものを除いて、公開します（あらかじめ開催予定を公表し、県民や報道機関の方々は誰でも傍聴できるものとします）。

【期限】15 年度一部実施、16 年度から全面実施

図4　都道府県の情報公開度

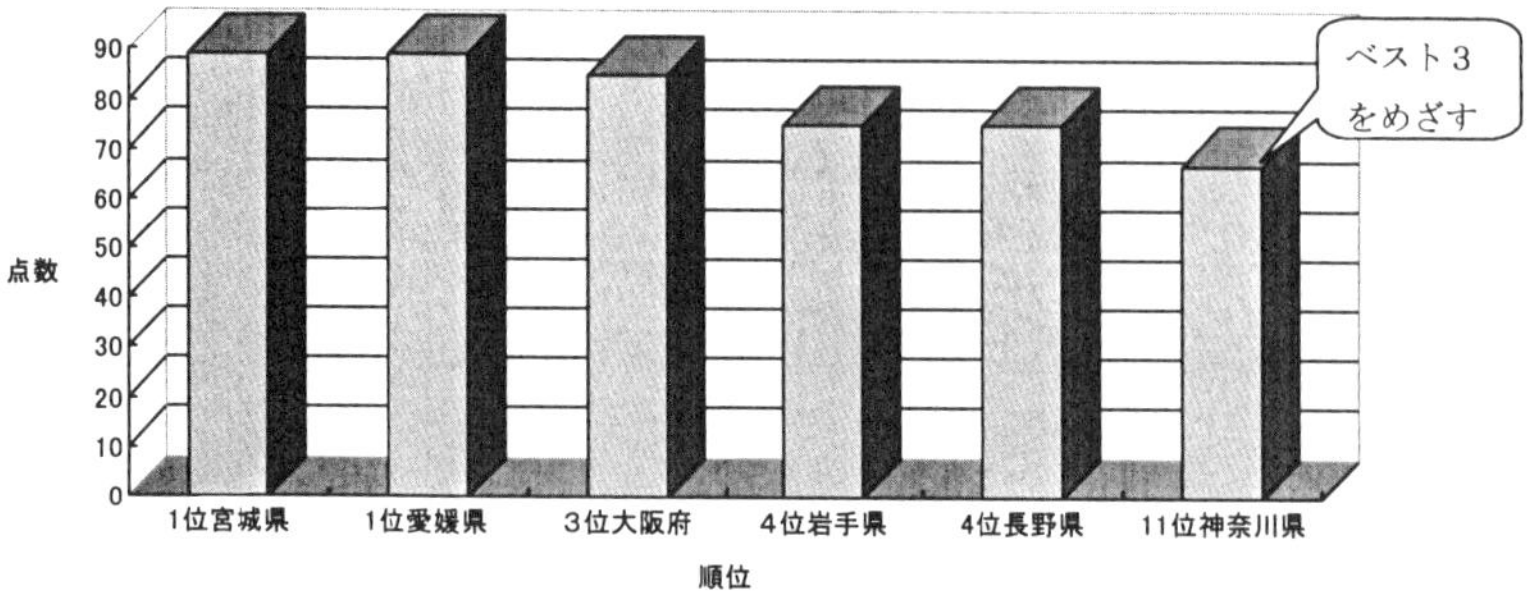

（出典）全国市民オンブズマン連絡会議、第６回調査、2002 年３月発表

政策５　常設型の「県民投票制度」や知事の多選禁止（３期まで）を制度化します。これらの県政の基本方針などを定める「自治基本条例」の制定を提案します。

【目標】①道州制への転換、新しい税制の採用など重要な政策決定については、知事または議会の提案により一定の手続を経て**「県民投票」を実施できる制度**を導入します。
②県政の停滞と腐敗を防ぐため、**知事の多選禁止（３期まで）を制度化**します。
③これらを含む県政の基本方針等を明らかにし、県民との共有財産とするため、**「神奈川県自治基本条例（仮称）」**を制定することを提案します。

【方法】自治基本条例について、県民、ＮＰＯ等の意見を十分に聴取し、条例案をつくり、県議会に提案します。

【期限】17年度までに条例案を提案

※「自治基本条例」とは、自治体運営の基本原則や住民の基本的な権利等を定める条例で、「自治体の憲法」ともいわれています。現在、北海道ニセコ町ほかいくつかの市町村で制定されていますが、都道府県では本格的な自治基本条例は制定されていません。

神奈川県自治基本条例の構成（イメージ案）

第１章　県政の基本理念
第２章　県民の権利（参加権）と責務
第３章　議会の責務
第４章　知事その他執行機関の責務
　　　　（知事の多選制限を含む）
第５章　民間非営利組織（ＮＰＯ）の役割
第６章　県民投票の実施
第７章　総合計画等の決定手続
第８章　市町村の県民参加
雑則

政策６　ＮＰＯの活動環境を整えたり、ＮＰＯ法人の立ち上げを支援することにより、人口あたりのＮＰＯ法人数を倍増させ、全国トップクラスにします。

【目標】神奈川県のＮＰＯ法人数は、現在588法人（2003年２月末現在）で、全国で東京都、大阪府に次いで第３位ですが、人口比率でみると第11位になります。ＮＰＯ法人の数は、ＮＰＯ活動の状況を示す重要な指標と考えられますので、**人口あたりのＮＰＯ法人の数を全国トップクラスとなるようＮＰＯ活動の環境整備等に力を入れます。**

【方法】①ＮＰＯの活動拠点の整備、情報提供等を行います。

②ＮＰＯ法人立ち上げについて相談窓口を整備します。

③ＮＰＯとの政策協働を推進します（次項参照）。

【期限】18年度までに実現

図6　人口100万人あたりのNPO法人数

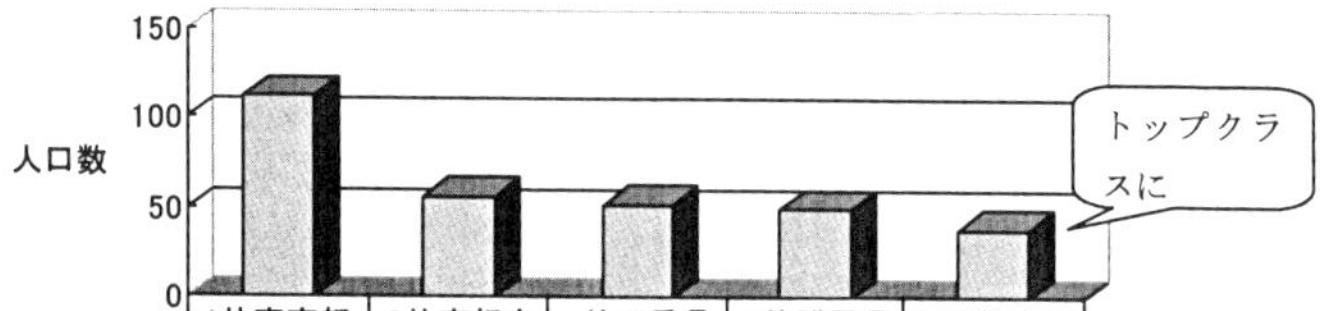

	1位東京都	2位京都府	3位三重県	4位群馬県	11位神奈川
□NPO法人数	112	56	52	50	39

（出典）日本青年会議所・ＮＰＯ支援委員会2002年１月調査

政策７　「ＮＰＯとの協働」を県政の基本方針とし、合計30本の政策提案等を行う連携プロジェクト「パートナーシップ３０」を推進します。

【目標】・政策の策定（Plan）、実施（Do）、評価（See）の各段階についてＮＰＯとの連携・協働を強化するため、**県の政策・事業の計３０本を選定し、ＮＰＯの提案・共同事業等として実施**します。

【方法】①政策提案：ＮＰＯから概ね１０本の提案を募り、実施に結びつけます。

②政策実施：ＮＰＯと共同事業案を概ね１０本提示し、合意が得られた場合に共同実施契約を締結して共同で実施します。

③政策評価：概ね１０本の政策についてＮＰＯに委託して政策評価をしていただきます。その結果は全面公開とし、今後の見直し等に反映させます。

④提案・契約にあたっては、第三者機関を設置して客観的な検討を行います。

【期限】15～16年度　検討、試行

17年度～　　パートナーシップ30の実施

【財源】政策提案と政策評価で合計１億円程度（既存の予算枠で対応）

政策実施は政策ごとに定めます。

表７　パートナーシップ30の具体例（イメージ）

区分	具体例
政策提案	・水源地域の森林保全の「行動計画」の提案 ・地域ビジネスへの支援施策の提案 ・特色ある高校づくりの提案　等
政策実施	・児童・生徒のボランティア活動へのサポート ・コミュニティ・カレッジ開校後の運営 ・駅前保育所設置（公設）後の運営　等
政策評価	・道路、河川等の公共事業の事業評価 ・県の行政改革の進捗状況の評価　等

政策８　県独自で「地域主権」を推進するため、意欲のある市町村に対して、１０項目以上の権限とこれに必要な財源をまとめて移譲する「チャレンジ市町村制度（仮称）」を創設します。
また、市町村の県政参加（意見の応答）のしくみを整備します。

【目標】①「チャレンジ市町村制度（仮称）」を創設し、少なくとも５市町村以上がこれに手を挙げるよう市町村のやる気を応援します。国の特区制度も活用すれば、市町村独自でさまざまな取組みが可能になります。
②市町村の県政参加システムを整備し、市町村の意見に対しては県として誠実に対応、説明し、協力と信頼の関係を築きます。

【方法】①「チャレンジ市町村制度」では、まちづくり、福祉、教育などの分野について、関連する権限を少なくとも１０項目以上まとめて移譲し、これに必要な財源も移譲します。
②県が市町村行政に関する政策決定を行う場合には、あらかじめ市町村の意見を聴き、提出された意見については誠実に対応、説明するしくみを制度化します。「自治基本条例」の制定する場合は、このしくみも規定します。

政策９　県の業務について、民営化や民間委託を推進し、事業の効率化と県庁のスリム化を進めます。これにより、職員定数を削減する（総計で1,500人）とともに、出先機関を２割削減します。
第三セクターについては自立化を促進し、少なくとも２割は廃止または県の関与を行わないこととします。

【目標】①民間で実施できる事業は民間が実施するものとし、たとえば福祉施設、病院

については**「民営化」**を進めます。県が責任をもつが、直接実施する必要がない事業は**「民間委託」**を進めます。たとえば公園、図書館、学校、公営住宅等について民間委託を進めます。

②上記検討により、職員定数を総計 1,500 人削減し（市町村への権限移譲等による削減を含む）、**現在 219 の出先機関を 175 程度（２割削減）**とします。

③第三セクターについては、**現在の 35 団体（15 年度現在）を 28 団体程度に削減（２割減）**します。

【方法】①民間委託等が可能な事業、施設を選定し、その可能性・効果について検討・調整を行います。

②受託団体・企業等を選定して、事業委託等を行います。

③出先機関、第三セクターの見直しを行います。

【期限】16 年度～　民間委託等の実施、出先機関の統廃合

18 年度　　上記目標値の達成

表 9-1　神奈川県における最近の民間委託等の例

区分	見直しの内容	実施年度
廃止	・渉外労務管理事務所の廃止	13 年度末
民間委託	・地球市民かながわプラザの管理運営	15 年度
	・湘南老人ホームの管理運営	15 年度
市への移管	・厚木病院の厚木市への移譲	15 年度
	・保健所業務の藤沢市移管（事務所廃止）	15 年度
統合再編	・県立保健福祉大学設置に伴う既存人材養成機関の廃止	15 年度
	・栽培漁業センターの見直し	15 年度

図9-2　神奈川県の出先機関数の推移

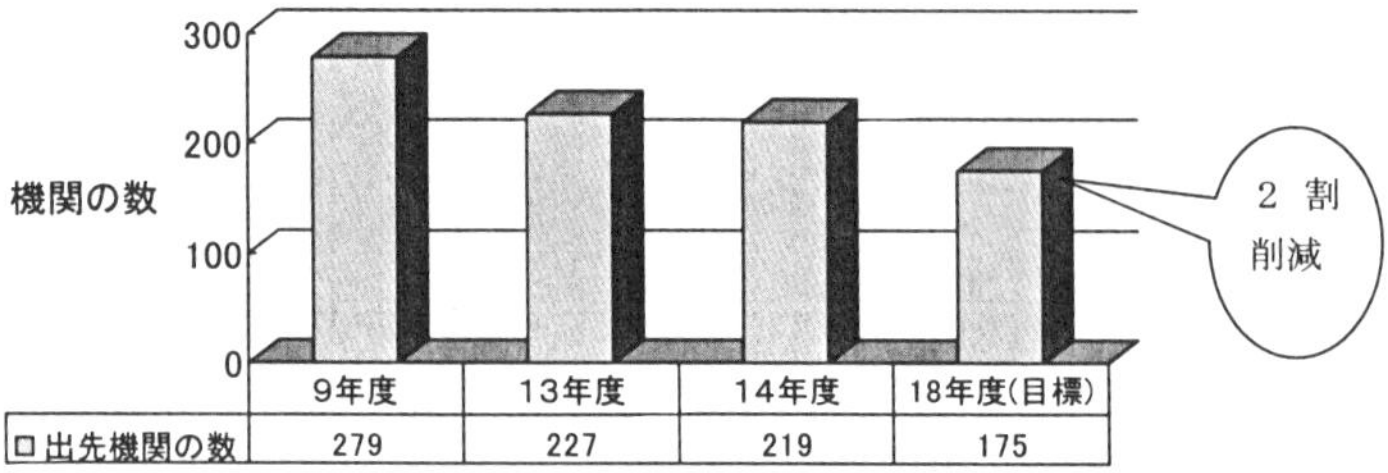

（出典）　神奈川県「行政システム改革の取組」15 年 2 月

政策10　行政職員数を1,500人削減し、その分、警察官を1,500人増員します（安全な地域づくりを推進）。

職員給与（退職金加算を含む）の抑制、給与制度の改革（能力主義の導入を含む）、職員任用制度の弾力化等により、人件費総額を引き続き約2,400億円抑制（平９対比）します。

【目標】①**行政職員（常勤職員）の定数を４年間で約1,500人削減し、警察職員については安全づくりのため1,500人増員**します。

②**特別職や職員の給与の抑制**（15年度、９年度比約520億円）を行うとともに、**能力主義の導入、給与水準の見直しなどの給与制度の改革**を行います。

③可能な業務から任期付き職員、非常勤職員等への切り替えを進めること等により、**人件費を４年間で約2,400億円抑制**します（９年度比、540×4＝2,160億円＋給与水準・任用制度の見直しによる）。

【方法】15年度措置を基本として継続するとともに、任用制度の弾力化等を進めます。

【期限】15年度～　職員定数の削減、職員給与の抑制の継続実施

18年度　　上記目標値の実現

図10-1　神奈川県の職員数の増減

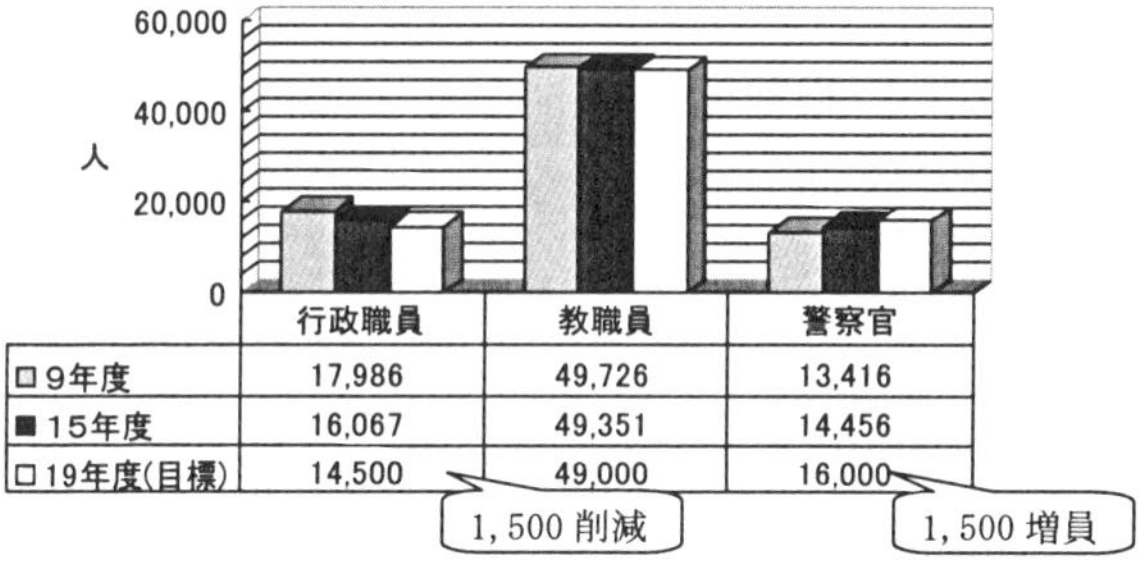

	行政職員	教職員	警察官
□９年度	17,986	49,726	13,416
■15年度	16,067	49,351	14,456
□19年度(目標)	14,500	49,000	16,000

図10-2　神奈川県の財政削減の取組み（効果）

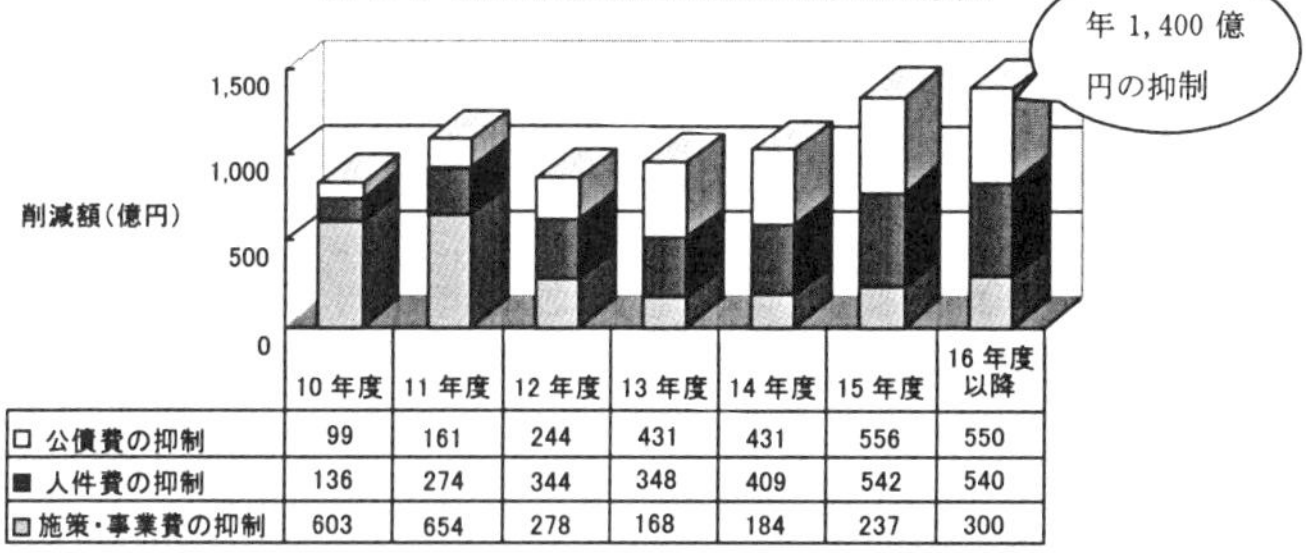

	10年度	11年度	12年度	13年度	14年度	15年度	16年度以降
□公債費の抑制	99	161	244	431	431	556	550
■人件費の抑制	136	274	344	348	409	542	540
□施策・事業費の抑制	603	654	278	168	184	237	300

（出典）ともに神奈川県資料「行政システム改革の取組」（平成15年）

政策 11　「県庁ワークシェアリング」として、未就職の学卒者、再就職希望のシニア世代などを県庁の契約職員等として採用し、地域雇用を約 500 名拡大することによって、県庁に生活者の視点を反映させます。

【目標】県庁職員の残業削減等による財源を活用して、非常勤職員、臨時任用職員等として採用し、**約 500 名の雇用を拡大**するとともに、県政に県民の視点を反映させます。

1)就職希望の学卒者（18～26 歳程度）：250 名程度

2)再就職希望のシニア世代（50～65 歳程度）：250 名程度

【期限】15 年度（後半）　試行

16 年度～　　　　実施

【財源】月額 12 万円×６か月×500 名＝3 億 6000 万円程度（常勤職員の残業手当等を削減し、財源にします）

政策12　職員の意欲と能力を引き出すため、新しい政策やプロジェクトを提案した職員に、担当のセクションやポスト・予算をまかせる「県庁ベンチャー支援制度」を実施します。当面５つの政策（プロジェクト）を採択します。

【目標】①新しい政策・プロジェクトや実施方法を提案した職員に、担当の職に配置するとともに、担当セクションの編成、予算の編成等をまかせる**「県庁ベンチャー制度」**を導入します。

②**当面５つの政策（プロジェクト）を開始**し、その成果を具体的に検証し、公表します。

【期限】15 年度　検討、募集

16 年度～　開始

【財源】実施する政策・プロジェクトによって予算を編成

図 12　県庁ベンチャー支援制度のしくみ

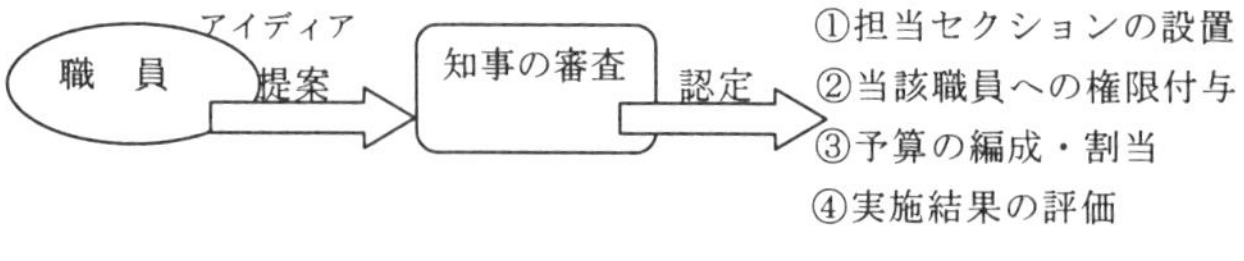

政策13　入札制度の抜本改革によって、行政手続の透明化を図るとともに、公共事業のコストを年間約140億円削減します。

【目標】①県の公共工事等の入札を**「一般競争入札」＋「電子入札方式」**とすることにより、業者間の談合を防止し、行政手続の公正・透明化を図ります。

②この改革により、県の公共事業費総額1,438億円（H14年度当初予算ベース、県単含む）の**1割：約140億円の削減**が見込まれます。

【方法】①事前に指名した業者に限って入札できる「指名競争入札制度」を廃止し、一定の要件を満たす業者は誰でも入札できる**「一般競争入札制度」**を導入。

②その手続はインターネット等による**「電子入札方式」**を採用し、手続の透明化を図ります。

③導入にあたっては審議会等を設置して、入札参加者の要件審査、落札後の工事の適切な実施等を確保するための対応策を検討し、**「かながわ方式」の入札制度**をつくります。

※こうした入札制度の改革は、横須賀市が実施して落札価格を約1割低下させるなど成果をあげています。この経験を踏まえて改革を実行します。

【期限】15年度　　入札制度改革検討委員会で検討

16年度～　新たな入札制度（かながわ方式）の導入

図13　神奈川県の公共事業費の推移

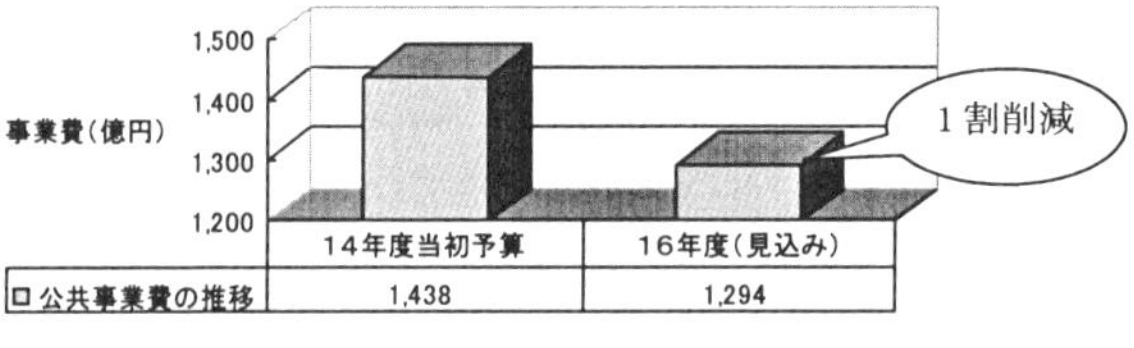

政策14　知事のスタッフを充実させるとともに、部長級２人、課長級３人の計５人以上の幹部職ポストについて民間人からの登用を行い、スピードと躍動感のある県政運営を行います。

【目標】①**知事の政策、政務、広報等のスタッフ**を外部登用も含めて充実させます。

②**部長級２以上、課長級３以上のポストに民間人を登用**します。たとえば経営感覚を要する産業政策、専門家が必要な防災、教育などのポストについて検討します。

【期限】15年度　　検討、一部採用

16年度～　登用

【財源】既存の人件費で対応

【PARTⅢ　神奈川力で経済を再生】

政策15　「羽田空港」の国際化・24時間化を進め、「京浜臨海部」をハイテク産業、ベンチャー支援、サービス・物流産業等の複合都市として再生し、関係地域の従業者を45万人以上（２割増）に増やし、景気回復の起爆剤とします。

【目標】①東京都等と連携して、**羽田空港の国際化・24 時間化**を進め、アジアのハブ空港をめざします。

②羽田空港に隣接する京浜臨海部を、既存の工業集積に加えて、アジアに開かれたハイテク産業、起業家支援、サービス・物流産業、エンターテインメントの複合都市として再生させます。これにより、現在減少し続けている**関係地域の従業者数（13 年度現在、381,423 人）を 45 万人以上（２割増）に増やします。**

※ここで「関係地域」とは、便宜上、横浜市鶴見区、神奈川区、川崎市川崎区の京浜３区を指します。なお従業者数は第１～３次産業従業者を指します。

③東京湾内にある横浜港、川崎港、東京港等の機能的な集約化を図り、海運・物流産業の活性化を図ります。

【方法】「都市再生予定地域」「国際臨空経産業特区」等の指定を活用して、新規産業の立地等を拡大します。

【期限】15 年度～　再生への取り組み

18 年度　　上記目標の達成

【財源】１億円程度/年（公共事業の抑制等で対応）

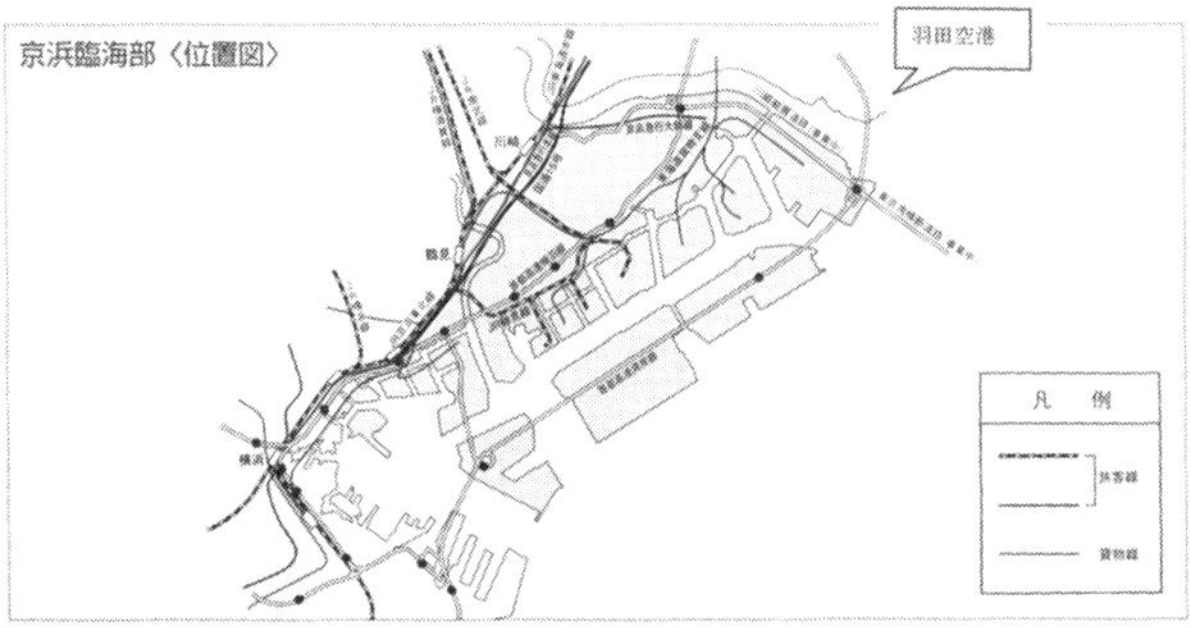

(出典)神奈川県『かながわ新総合計画 21』９年

政策16　アジアとの交流や大学との連携により、高付加価値型のベンチャー企業や新分野の創業を支援し、『21世紀型産業」を育てます。神奈川の「開業率」を６％以上（全国トップクラス）に引き上げます。

【目標】ベンチャー企業や新しい分野の創業者を支援し、新しい高付加価値型の産業を創出します。これにより、**現在 4.8%に低迷している「開業率」を６％以上に高め、全国トップクラスに引き上げます。**

（神奈川は全国と比較すると開業率が高かったのですが、96 年から廃業率が開業率を上回るようになり、全国平均の廃業率よりも高くなっています。）

【方法】①**アジアとの取引の拡大、アジアの起業家の進出・交流**を促進します。

②**大学と企業の産学連携を支援**し、高度技術を生かした高付加価値型の産業づくりを促進します。

③神奈川県と川崎市が設立した㈱ケイエスピーによる「ＫＳＰモデル」をはじめとして、**インキュベート（事業立ち上げ支援）機能を強化**し、人材、技術、資金等の総合的な支援を行います。

【期限】18～19 年までに開業率６％以上に上昇

図16 神奈川・全国の開業率の変化(非一次産業、年平均)

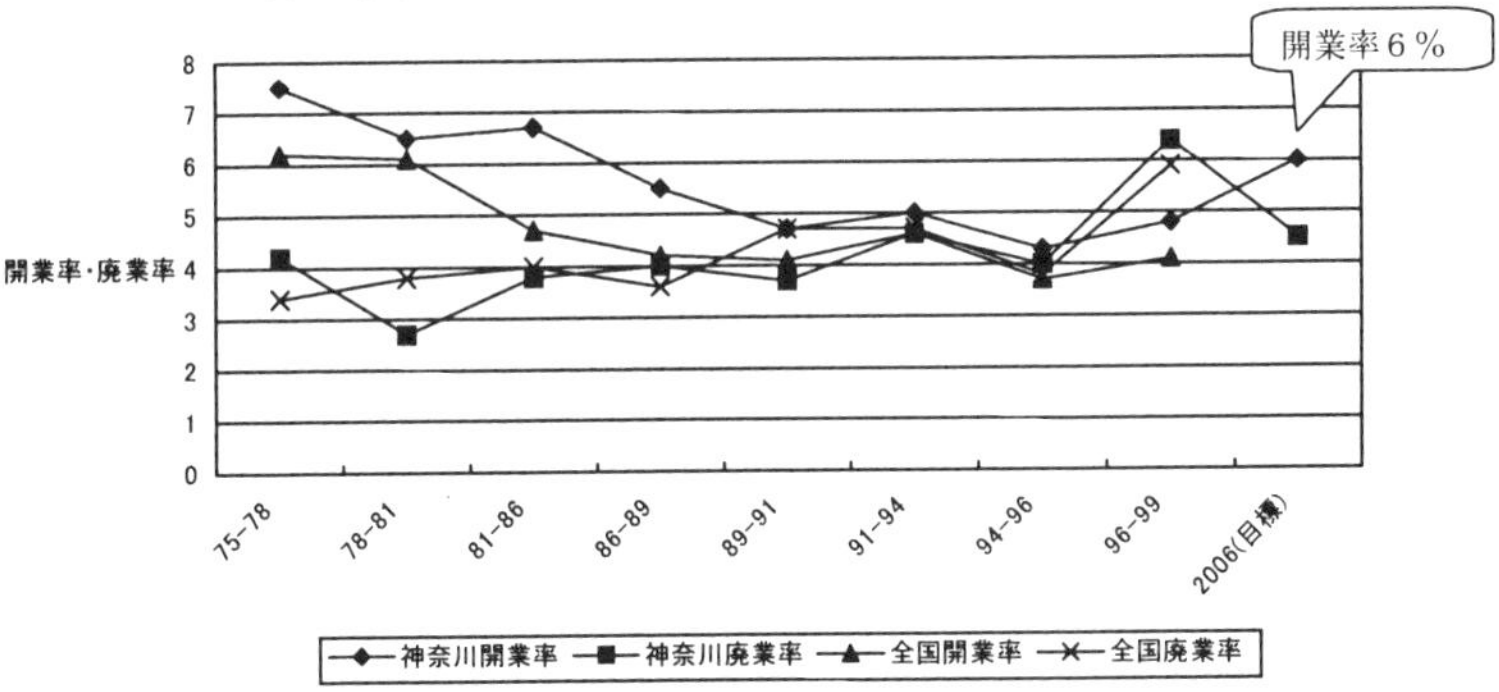

（出典）総務省「事業所・企業統計調査」から作成

政策17　高い技術力をもつ中小企業に対して、技術開発、金融等の支援を行い、競争力向上を応援します。また、介護、子育て、教育等の生活関連サービスを提供する「地域ビジネス」に対して、人材養成、拠点整備等の支援を行い、「市民起業」を促進します。
これらによって、新規求人数27万人／年以上（２割増）をめざします。

【目標】①高い技術力を持つ**中小企業の競争力向上を応援**します。
②生活関連サービスを提供する多様な**地域ビジネスの創業**を応援します。
③これらによって、減少傾向にある新規求人数に歯止めをかけ、県内の**新規求人数を 270,000 名／年まで増やす**よう努力します。

【方法】①中小企業に対して、**県の試験研究機関・職業訓練校や大学との連携により人材養成、技術開発を支援**します。また、(財)中小企業センター等による**経営助言、金融面でのサポートを強化**します。
②規制緩和等の動向を踏まえて、**介護、子育て、教育、住宅リフォーム等の生活関連サービスを提供する「地域ビジネス」を支援**するため、市町村とも協力して**人材養成、経営助言、拠点整備等の創業支援**を行います。

【期限】18 年度までに新規求人数 27 万人／年を実現。

【財源】中小企業支援は既存予算の有効活用により対応。
地域ビジネス支援は１億円程度の予算増額（公共事業抑制分で対応）

図17　神奈川県の新規求人数・求人倍率

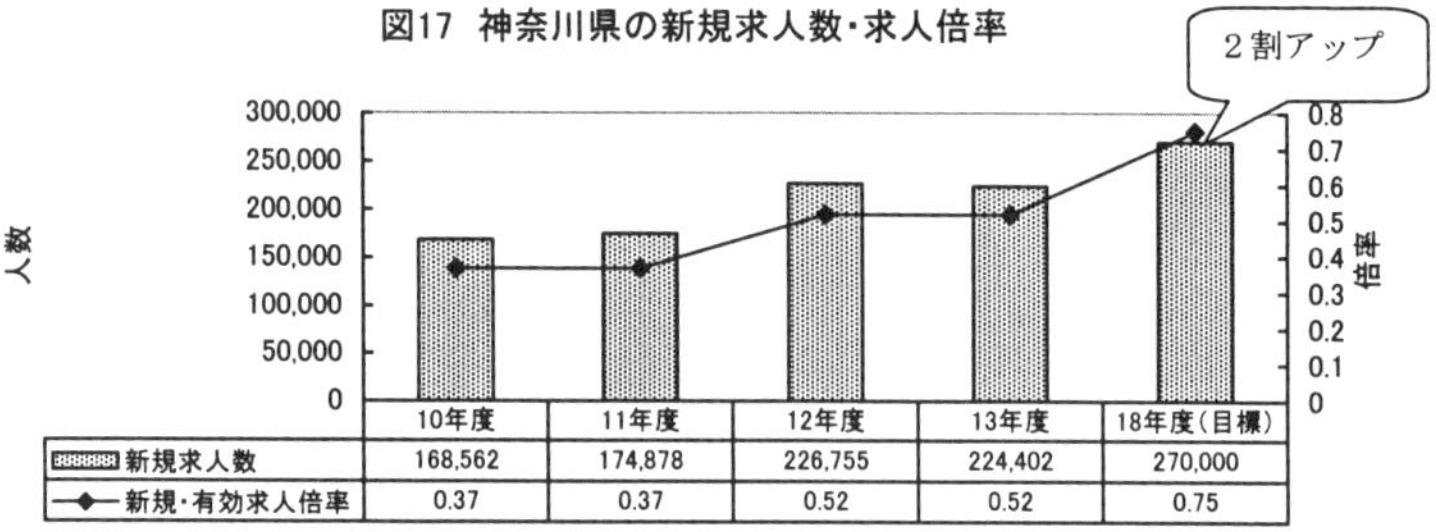

	10年度	11年度	12年度	13年度	18年度（目標）
新規求人数	168,562	174,878	226,755	224,402	270,000
新規・有効求人倍率	0.37	0.37	0.52	0.52	0.75

(出典)神奈川県『かながわの労働（平成 14 年版）』

政策18　県内の歴史・観光・リゾート等の機能を結びつけ、首都圏民や外国人に“憩いの空間”を提供する「かながわツーリズム構想」を推進し、県内観光客数の２割増加をめざします。

【目標】**県内の歴史・文化や自然環境を生かして観光拠点を活性化**するとともに、横浜のコンベンション機能、鎌倉の歴史景観、箱根・湯河原の温泉文化、三浦半島・湘南海岸・丹沢大山の自然環境などの機能を結びつけ、**首都圏の憩いの空間としたり、外国人に日本の文化・風土に触れる機会を提供**します。これにより、**観光客の増加（1.2倍、約17,200万人）**を図ります。

【方法】①民間機関と協力し、滞在型のリゾート空間の整備に努めます。

②国際会議、イベント等の際に歴史、温泉等の地域文化に触れることを提案し、対応する旅行企画等を提供します。

【期限】18年度までに1.2倍に

【財源】既存予算及び民間資金で対応（道路等の整備は別途）

図18　県内の観光客数の推移（日帰り含む）

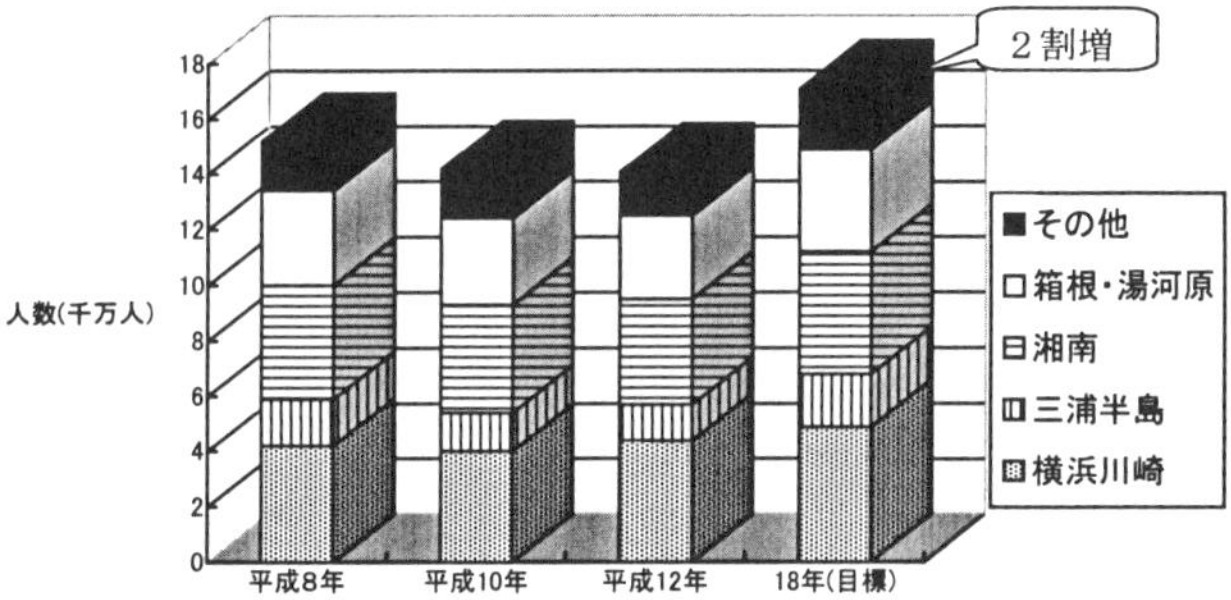

（出典）神奈川県「グラフでみる神奈川2001」

【PARTⅣ 神奈川力で教育を再生】

政策19 子どもの顔に輝きを取り戻し、市民社会を担える自立した子どもを育むため、ボランティア活動（社会奉仕活動）やインターンシップ（職場体験）の導入、学校と地域やＮＰＯとの連携、特色ある公立校の創設など、学校改革を大胆に進めます。

こうした取組みによって、不登校生徒の比率（生徒千人あたりの数）を20人以下（３割減）に抑えます。

【目標】いま子どもたちの学習意欲や自ら考える力、社会参加の意識が弱まっています。県内では不登校による小学校長期欠席児童が1,652人（千人当り3.59人）、中学校長期欠席生徒が6,783人（千人当り27.99人、全国ワースト８位）となっており、過去10年でいずれも２倍以上に増えています（11年現在）。

これを**少なくとも３割削減すること（千人当り20人以内）**を目標・指標として教育改革を進めます。

【方法】①ＮＰＯや商工団体と連携して、**教育課程に森林保全や福祉介護などのボランティア活動やインターンシップを導入**し、公共性や働くことの意味を学び、自立した市民として育つことを重視した教育を推進します。

②地域住民が授業の講師や部活動の指導等を行う**「学校支援ボランティア」**を導入する一方、教員を地域の生涯学習の講師として派遣したり、空き教室を地域活動に開放するなど、**地域コミュニティの拠点としての学校づくり**を進めます。

③教育特区制度も利用して、地域やＮＰＯが学校運営を行う新しいタイプの公立校（コミュニティ・スクール）を設置するなど、**社会のニーズに応じた機動的な学校運営や独創性に富んだ人材育成**を進めます。

【期限】18年度までに上記の改革を完了させ、上記目標を達成します。

【財源】新しいタイプの公立校の設置等に１億円程度／年（公共事業費、人件費の抑制等により対応）

図19 不登校による中学校長期欠席生徒比率(生徒千人当たり)

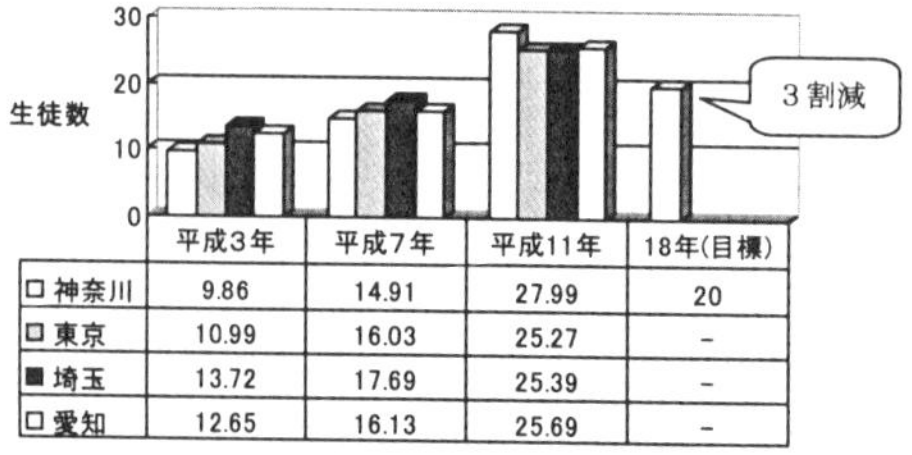

	平成3年	平成7年	平成11年	18年(目標)
□神奈川	9.86	14.91	27.99	20
□東京	10.99	16.03	25.27	-
■埼玉	13.72	17.69	25.39	-
□愛知	12.65	16.13	25.69	-

（出典） 総務省「社会生活統計指標2002」

政策20　県立高校の「学区制」を撤廃し、生徒の選択の幅を拡大するとともに、高校間の競争によって教育サービスの向上を図ります。
また、県立高校の再編統合に対応して、環境高校、福祉高校、中高一貫校など特色ある高校づくりを進めるとともに、校長への権限移譲や民間人登用など県立高校の経営改革（マネジメント改革）を行います。

【目標】①**県立高校の「学区制」を撤廃し**、生徒の学校選択の幅を拡大します。
②**当面 30 校程度選定**して、環境高校など社会の変化と県民のニーズに合った、**特色ある高校に切り替えます**。また、公立の中高一貫教育校を当面５校程度つくります。
③校長への権限・財源の移譲、民間人の登用（当面 10 校）などにより、機動的で自立した学校運営を図ります。
【方法】①県立高校の「学区制」を撤廃します。
②社会ニーズの変化に対応し、構造改革特区も活用して、特定分野に関する教育を目的とする**環境高校、福祉高校、英語教育重点校、ＩＴ教育高校などの特色ある高校に切り替えます**。
③市町村教委と連携して、**公立の中高一貫教育校**（市町村立中学と県立高校の連携）をつくります。
④校長への権限・財源の移譲、公募による民間人の登用を進めるとともに、**校長等に専門家が助言する「学校経営アドバイザー制度」**を導入します。
【期限】17 年度から学区制撤廃（予定）、18 年度までに改革を実施
【財政】特色ある高校づくりに 60 億円程度／４年（公共事業費、人件費の抑制により対応）

図20　公立中学校卒業者数と高校数の推移

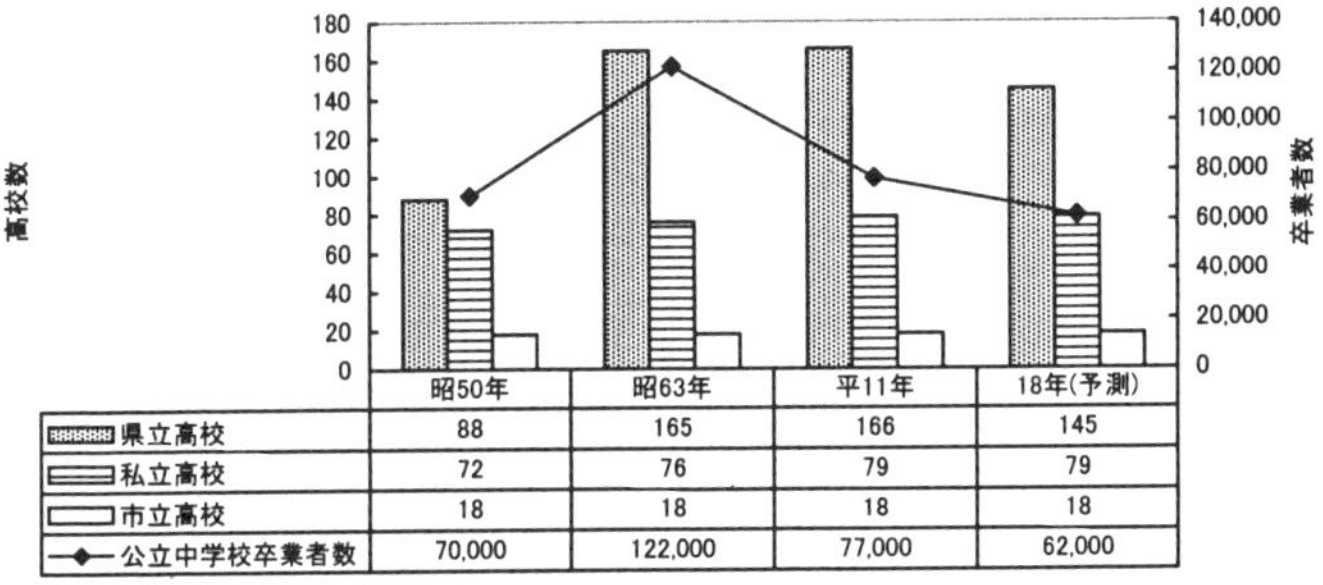

	昭50年	昭63年	平11年	18年(予測)
県立高校	88	165	166	145
私立高校	72	76	79	79
市立高校	18	18	18	18
公立中学校卒業者数	70,000	122,000	77,000	62,000

（出典）「季刊かながわ」1999 年 11 号

政策21　再編統合により余裕の出る県立高校の施設を利用して、公設民営による「コミュニティ・カレッジ」を開設し、地域の多様な人々に職能訓練、生涯学習等の多様な学びの機会を提供します。

【目標】①上記の「コミュニティ・カレッジ」を当面パイロット・スクール（実験校）として**3校程度開設し、その後さらに拡大**します。

②コミュニティ・カレッジでは、不登校や中途退学の生徒、キャリアアップを求める社会人、「起業」を図る市民、中高年齢者など地域の多様な人々に、**職能訓練、キャリアガイダンス、コンサルティング、生涯学習等の機会を提供し、教育と雇用、教育と地域の連携を図ります。**

※ **コミュニティ・カレッジ**とは、地域に根ざした市民・職業人のための教育機関。安価な費用、柔軟なカリキュラム等のため、欧米では広く開設され、市民教育、職業人教育に重要な役割を果たしています。

【方法】県または市町村が設置主体となり、教育特区制度も利用して、専修学校・各種学校として開設し、**住民参加の機関またはＮＰＯ等によって公設民営で運営**します。

【期限】18年度までに３校程度開設（実験校）

【財源】施設整備、機材等購入費として各１億 5,000 万円×３校＝４億 5,000 万円程度／４年（県立高校統合に伴う運営費の削減、人件費の抑制等により対応）

政策22　神奈川の子ども誰もが高校卒業までに“生きた英語”を身につけられるよう、教員採用や教育課程を改革する「英語学習フロンティア構想」を推進し、真の国際交流県をめざします。

【目標】①神奈川の子ども全員が**高校卒業までに「コミュニケーションできる英語」を身につけられるように**します。

②コミュニティ・カレッジ（前出）等で**社会人向けの外国語教育**を充実させ、“バイリンガル神奈川 ”をめざします。

③ＴＯＥＩＣ等の受験を推奨し、平均点アップをめざします。

【方法】①**学校教育の教員採用、教育課程等において「コミュニケーション英語」を重視した対応**を行います。

②全高校生にＴＯＥＩＣ等の受験を推奨、支援します（受験料助成を検討）。

③県立高校改革の一貫として、語学教育重点校をつくります。

④コミュニティ・カレッジ等に外国語教育を取り入れます。

【期限】18年度までに各種改革を実行

【財源】既存の運営費の範囲内で対応（ただしＴＯＥＩＣ等受験料助成を検討）

【PARTⅤ　神奈川力で環境を守る】

政策23　ＮＰＯやボランティアとも連携して、丹沢、大山などの水源地域の森林再生に取り組み、「水源の森林(もり)づくり」を推進します。

森林整備協定等を結んで公的管理・支援を行う「かながわ県民水源林(仮称)」を１万ha（現在の2.3倍）まで増やします。

【目標】現在、木材需要の減少などのため手入れが行き届かない森林が増え、水源かん養や土砂流出防止など公益的機能が低下しています。そこで、ＮＰＯ、ボランティアとも連携して、**県民の水がめを支える水源の森林（もり）を再生し、水源地域の活性化を図ります。**

【方法】①スギ・ヒノキの人工林を、**水源かん養機能などの高い森林（混交林や複層林）に切り替える**とともに、広葉樹林の手入れを進め、神奈川の森を多様で活力のある森に再生します。

②水源地域・約 56,000ha を対象として、**所有者との協定、買取り等など公的管理・支援を行う水源林を 10,000ha まで増やします（現在の約 2.3 倍）。**

③相模湖、津久井湖、丹沢湖等の**しゅんせつ（堆砂対策）、アオコ対策などの水質浄化**を推進します。

④都市と水源地域の交流、地域特産品の育成等を通じて**水源地域の活性化**を図ります。

【期限】2050 年を目標とし、18 年度まで着実に推進します。

【財源】水源の森林づくり事業約 40 億円／年（15 年度約 15 億円、17 年度から増額）（農道・林道整備等の公共事業費の抑制で対応。17 年度から森林環境税(仮称)で対応)

（参考図）　水源地域の位置

水源地域〈位置図〉

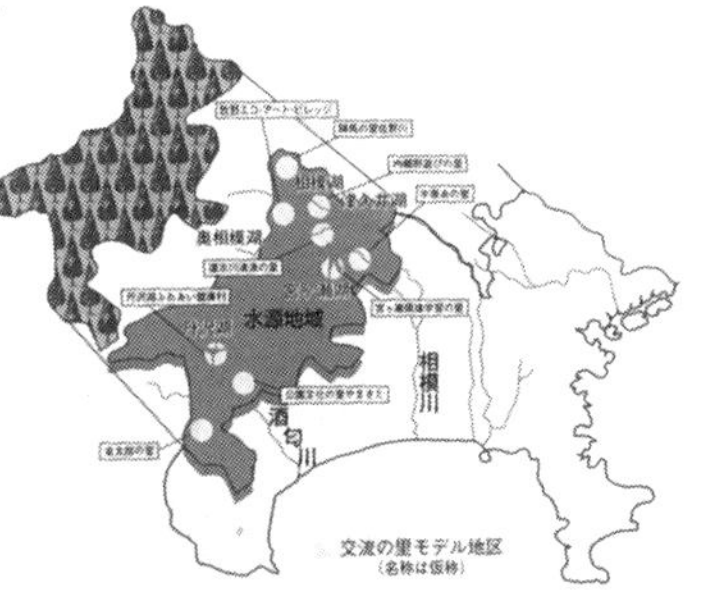

(出典)神奈川県『かながわ新総合計画 21』 9年、『同改訂版』 12年

図23-1 種類別森林面積の変化(目標)

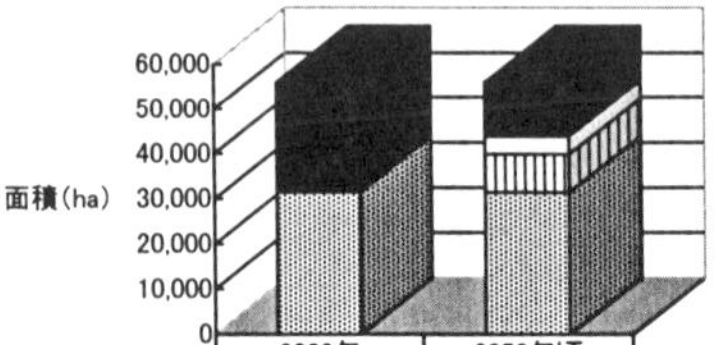

	2000年	2050年頃
■針葉・単層林	23,700	12,200
□混交林	40	3,950
◫複層林	860	8,450
▦広葉樹林	31,400	31,400

図23-2 公的管理・支援を行う民有林面積

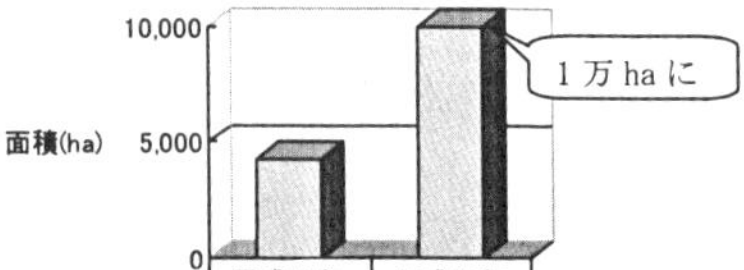

	平成11年	平成18年
□森林面積	4,287	10,000

(出典) 神奈川県パンフレット等から作成

政策24　環境創造型の公共事業のしくみをつくり、里山保全、多自然型の河川整備など「都市の自然づくり」に取り組みます。また、都市公園を全国5位程度まで増やします。

【目標】①旧来型の公共事業のしくみを転換し、森林再生、里山保全、多自然型河川整備、海岸の自然回復など**「環境創造型」の公共事業**を進めます。

②**都市近郊に残る里山や水辺地、都市農地を保全**するため、里山保全条例の制定やボランティアによる管理を支援します。

③県民の憩いの空間となる**都市公園**が 35.68km^2(全国第8位)にとどまっていることから、**43.0km^2(全国第5位程度)まで増やします**(市町村立公園を含む)。

【方法】上記のとおり

【期限】18 年度まで推進(都市公園は 43.0 km^2 実現)

【財源】都市緑地保全　20 億円程度/年(14 年度約 20 億円)

多自然型河川整備　20 億円程度/年(14 年度都市河川整備約 142 億円)

自然回復型海岸整備　10 億円程度/年(14 年度高潮等対策約 12 億円ほか)

都市公園整備　80 億円程度/年(14 年度約 70 億円)

(従来の公共事業費の範囲内で対応)

図24 都市公園面積(平成11年現在)

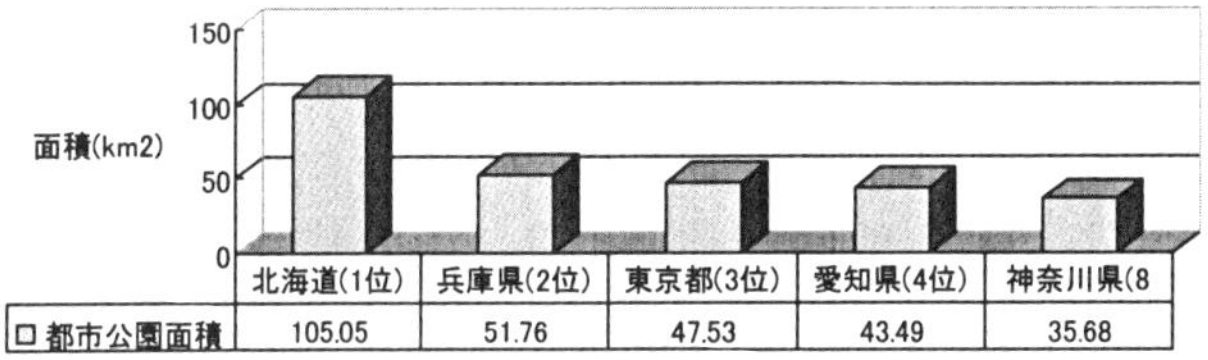

	北海道(1位)	兵庫県(2位)	東京都(3位)	愛知県(4位)	神奈川県(8
都市公園面積	105.05	51.76	47.53	43.49	35.68

(出典)総務省「社会生活統計指標 2002 年版」

政策25　森林環境税（仮称）など新しい環境税の導入を提案し、県民参加型の環境保全のしくみをつくります。

【目標】森林環境税(仮称)など新しい環境税を導入し、県民参加型の仕組みで**水源の森林(もり)づくりや里山保全**を進めます。

【方法】法定外目的税として**県民が広く薄く森林再生等の費用を負担する「森林環境税（仮称）」の条例制定を提案**します。たとえば世帯あたり月 300 円の負担で年間約 123 億円の環境保全の財源が生まれます。
ただし、導入にあたっては、早期に県民の皆様に案を提示し、そのご意見を十分に踏まえて導入の適否、賦課の方式、金額などを慎重に検討します。

【期限】17 年度導入をめざして県民の皆様とご相談します。

政策26　県民の参加、ＮＰＯとの連携により、市町村とともに廃棄物のリサイクルを進め、リサイクル率20%（全国トップクラス）を実現します。また、産業廃棄物のリサイクル、適正処理を進め、県内処理100%を実現します。

【目標】①神奈川県のリサイクル率は 11.5%（全国 23 位）にとどまっています。今後、市町村と協力して**廃棄物のリサイクルを進め、20%（全国トップクラス）まで高めます。**

②現在、県内では製造業、建設業等から産業廃棄物が年間 1,920 万 t 発生し、217 万 t が最終処分されています。そのうち県内で最終処理されるのは約 60%で、約 40%は関東、中部、東北など県外で処分されています（平成 9 年現在）。今後、事業者の努力と中間処理によって産業廃棄物の資源化、減量化を進めるとともに、公共関与の最終処分場の活用等により**産業廃棄物の「100%県内処理」を実現**します。

③地域ぐるみの取組み、警察との連携により廃棄物の不法投棄の監視、摘発を強化し、**「不法投棄を許さない県」を確立**します。

【方法】上記のとおり

【期限】18 年度までに上記目標を実現するよう努力します。

【財源】廃棄物対策総額 30 億円程度／年（14 年度約 25 億円）
（増額分は公共事業の抑制等で対応）

図26 ごみのリサイクル率

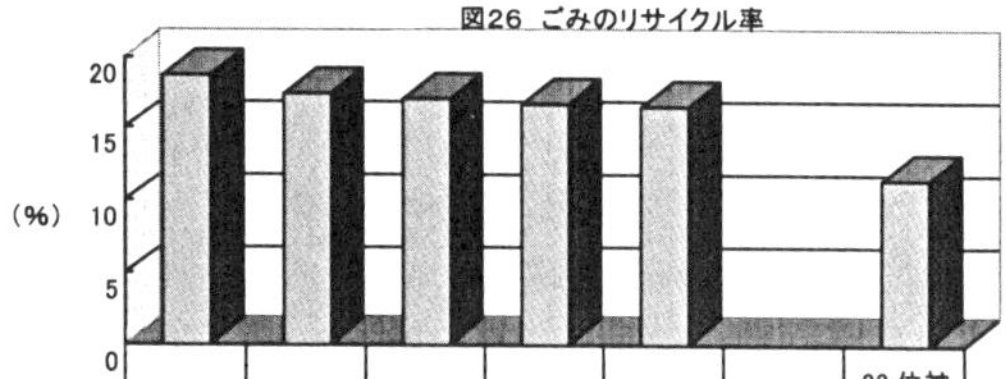

	1位千葉	2位長野	3位宮城	4位栃木	5位岐阜	…	23位神奈川
□リサイクル率	18.7	17.4	17	16.7	16.5		11.5

（出典）朝日新聞社編『都道府県ランキング・くらしデータブック』2001 年

【PARTⅥ　神奈川力で暮らしを守る】

政策27　急速な少子化にもかかわらず、県内の保育所整備水準は全国最低のため、今後、公設民営施設の導入等によって1.5倍程度まで整備するとともに、認可外保育所に対する支援を強化し、保育所の「入所待機者」をゼロにします。

また、時間外保育、一時保育など多様な子育てサービスを提供できる体制をつくり、子育て家庭を応援します。

【目標】①保育施設の充実により、**保育所の「入所待機者」をゼロに**します（短期間の待機等を除く）。

②子育て世代のニーズに合わせた**多様な保育サービスを提供**できる体制をつくります。

【方法】①県内の保育所設置数は 143.1（5 歳以下 10 万人あたり）で、全国最下位です。今後、民間施設の整備推進、公設民営施設の導入、幼保一元化等により、**220 施設程度（現状の 1.5 倍）まで整備**を進めます。

②市町村と協力して、**認可外保育所（認定保育施設、届出保育施設）に対する支援を強化**し、民間企業、ＮＰＯ、地域ビジネス（前出）等による子育てサービスの拡大と質の向上を図ります。

③時間外保育、一時保育、休日保育、駅前保育施設、放課後保育など**多様な子育てサービスを提供できる体制を整備**するとともに、子育てに関する相談や情報提供を行う「子育て支援センター」を整備・促進します。

【期限】18 年度まで着実に実施

【財源】30 億円程度／年（14 年度予算約 19 億円）（公共事業費の抑制等で対応）

図27　0-5歳児10万人あたり保育所数(1999年現在)

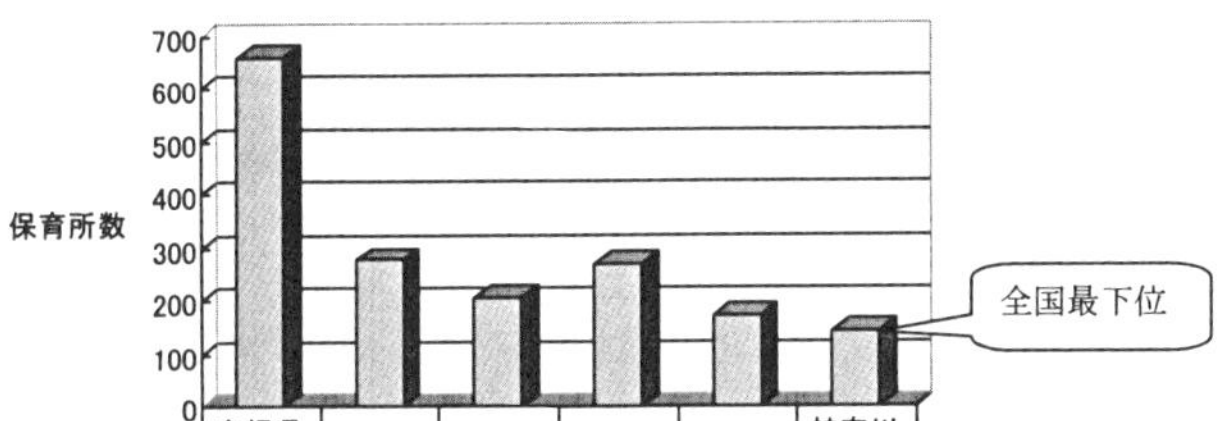

	島根県(1位)	東京都	大阪府	愛知県	埼玉県	神奈川県
□保育所数	661.7	276.7	205.7	270.5	172.8	143.1

(出典)総務省『社会生活統計指標 2002』

政策28　家庭や施設における児童虐待の増加と本県における痛ましい事件の教訓を踏まえて、学校と家庭と地域が力を合わせて子どもを育むしくみづくり等を進め、「児童虐待のない神奈川」をめざします。

【目標】過去の痛ましい事件を県民共通の教訓として、「児童虐待のない神奈川」をめざします。

【方法】①公民を通じる保育サービスの質の向上、児童相談所等の体制整備（一時保護所の併設等）、学校と家庭と地域の連携の強化等により、**児童虐待の防止・早期対応**を進めます。

②県の５つの**児童相談所の専門職職員数を約 1.3 倍（14 年度 121 名→18 年度 157 名）に増員**し、地域・学校との連携を強化します。

③子育て家庭の悩みを受けとめられるよう、**子育て支援センターの整備や児童養護施設の専門的機能を活用した育児相談事業**などを実施します。

【期限】18 年度まで着実に実施

【財源】15 億円程度／年（14 年度 9.5 億円）（公共事業費の抑制等で対応）

図28　児童相談所における虐待相談受付件数

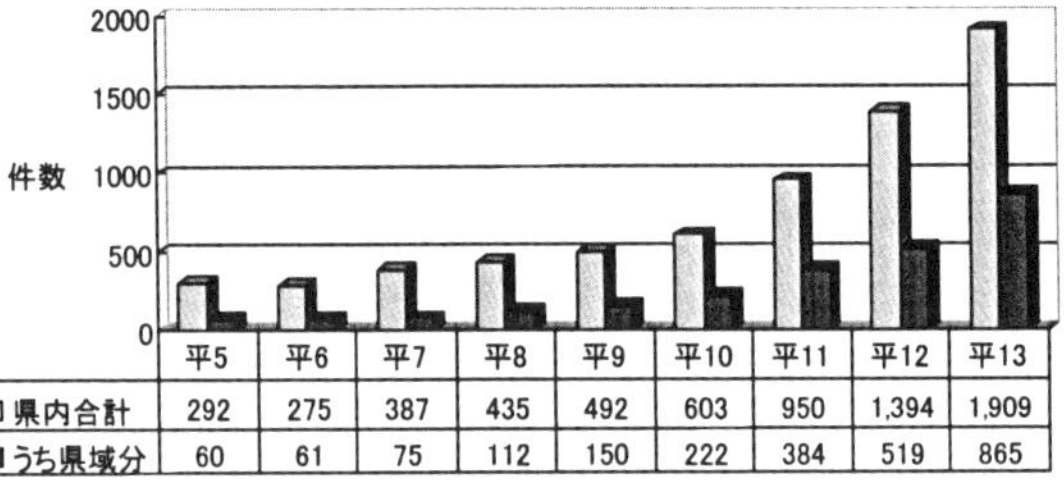

	平5	平6	平7	平8	平9	平10	平11	平12	平13
□県内合計	292	275	387	435	492	603	950	1,394	1,909
■うち県域分	60	61	75	112	150	222	384	519	865

※県域とは横浜、川崎を除いた地域を指します。

(出典)神奈川県編『かながわの青少年 14 年版』

政策29　介護保険施設の充実、グループホームの整備等により「入所待機者」をゼロにするとともに、ユニットケア、宅老所など利用者のニーズにあった多様な介護サービスを育てます。

【目標】①県内の特別養護老人ホーム数は 216 施設、入所定員は 14,631 人で、全国最低水準です(11 年現在)。今後、**特別養護老人ホームを約 340 施設、入所定数約 23,000 人(約 1.6 倍)まで整備**します(18 年時点)。その他の施設や

在宅サービスの充実などを含めて、特別養護老人ホーム等への入所待機者（入所の必要性が薄い場合を除く実質的な待機者）をゼロにします。

②民間活力で利用者のニーズに合った多様な介護サービスを育てるとともに、**地域で高齢者の暮らしを支えるしくみづくり**を支援します。

【方法】①特別養護老人ホーム、老人保健施設の整備に対する財政支援を継続して進めます。

②民間活力によって有料老人ホーム、ケアハウス、グループホームなどの居住機能をもった在宅介護サービスの増加と質の向上を図ります。

③ＮＰＯ、ボランティア等による宅老所（ミニ・デイサービス）や配食、見守りなど、地域での生活支援の取組みを支援します。

【期限】18 年度まで着実に実施

【財源】高齢者介護関係で総額 320 億円程度／年（14 年度約 289 億円、介護保険事業への県負担金 241 億円を含む）（公共事業費の抑制等で対応）

図29　65歳以上人口10万人あたり老人ホーム等の数(1999年現在)

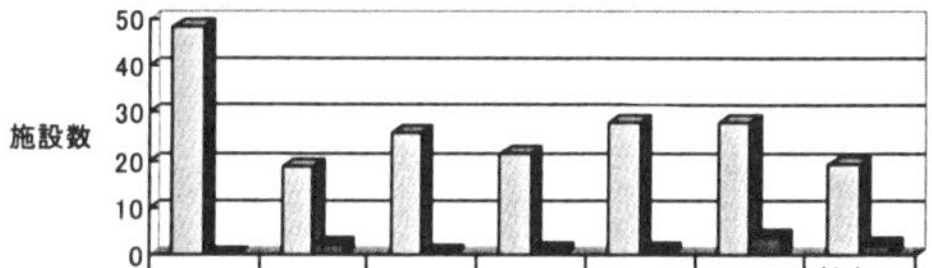

	長崎県	東京都	大阪府	愛知県	埼玉県	千葉県	神奈川県
□ 老人ホーム数	48.2	18.9	25.7	21.6	27.9	28.1	19.4（全国ワースト２）
■ 有料老人ホーム数	0.33	2.38	0.96	1.34	1.08	3.82	2.43

※老人ホーム数は長崎県が１位、有料老人ホーム数は千葉県が１位。

（出典）総務省『社会生活統計指標 2002』

政策30　県立保健福祉大学などを活用して、看護、リハビリ等の専門人材を養成し、高齢化の中での「健康社会かながわ」の基盤を支えます。

【目標】①県内の診療に従事している看護婦・士（準看護婦・士を含む）は 40,939 人、理学療法士（ＰＴ）は 989 人、作業療法士（ＯＴ）は 436 人など、他の都道府県と比較しても保健医療人材は不十分な状況です。今後、県立保健福祉大学（15 年 4 月開校）や県立看護専門学校の活用、民間養成施設への財政支援等により、**看護婦・士を 1.3 倍、理学療法士・作業療法士を 1.5 倍程度に増やします**。

②既従事者への現任研修など卒後教育を強化し、専門性の高い人材の養成を進めて**医療サービスの質の向上**を図ります。

【方法】上記のとおり

【期限】18年度まで着実に実施

【財源】35億円程度／年（14年度約39億円＝大学開設費用を含む）（既存財源の範囲内で対応）

図30 人口10万人あたり医師・看護士の数(1999年)

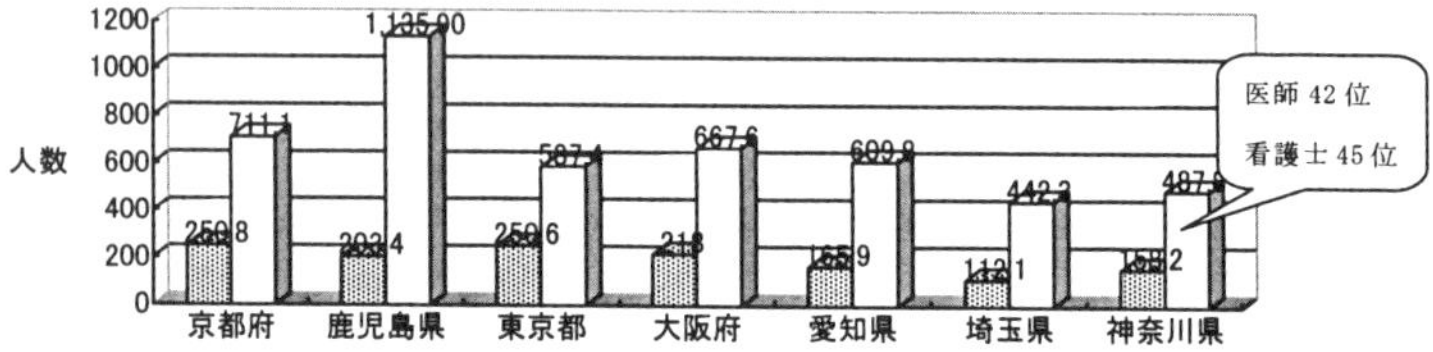

※ 人数は医療施設に勤務する者に限る。医師数は京都府が1位、看護士(婦)数は鹿児島県が1位。（出典)総務省『社会生活統計指標2002』

政策31 救命救急センターの整備、ドクターヘリの活用など「救急医療体制」を整備します。これにより救急自動車の平均搬送時間を22分程度に短縮し（20%短縮）、救命率のアップを図ります。

【目標】急病や事故から県民の生命を守る「救急医療」の整備は県の重大な責務です。救急患者の増大にもかかわらず、平均搬送時間は増加の一途をたどっていることから、救急医療体制を整備し、**平均搬送時間を22分程度に短縮し、救命率の向上を図ります。**

【方法】①初期救急、二次救急、三次救急の各体制を明確化し、民間及び公立医療機関と連携して体制整備を行います。

②救命救急センターを増設するとともに、センターへの患者搬送にドクターヘリの活用を進めます。

③救急現場や搬送途上での救急処理等のケアを行う「プレホスピタル・ケア」の確保・充実を進めます。

【期限】18年度まで着実に実施

【財源】30億円／年（14年度約28億円）【既存の衛生事業費の振り分けで対応】

図31　救急自動車による搬送患者数等の推移

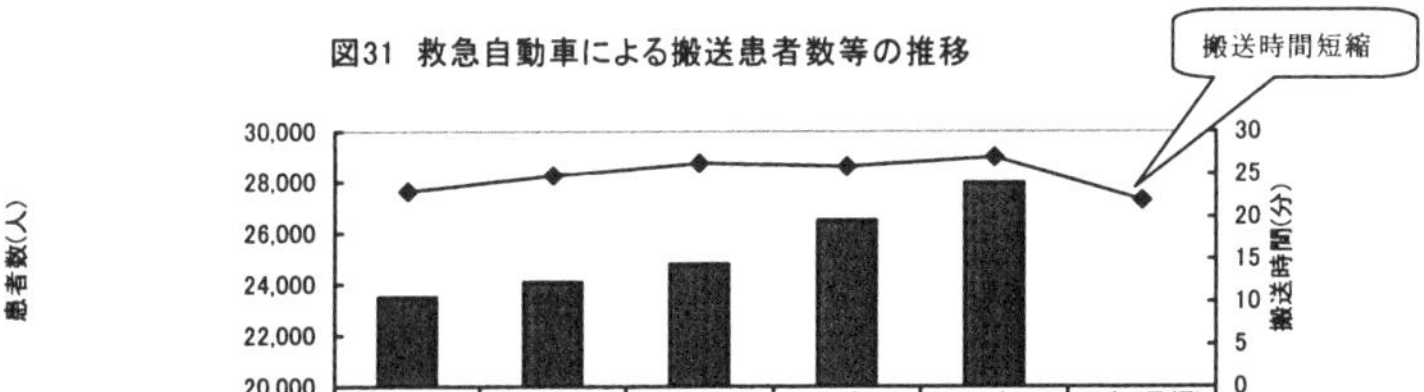

	平7年	8年	9年	10年	11年	18年(目標)
搬送患者数(概数)	23,500	24,100	24,800	26,500	28,000	-
平均搬送時間	22.9	24.8	26.3	25.9	27	22

(出典)神奈川県『神奈川県保健医療計画』14年

政策32　かながわ女性センター等の活用やＮＰＯとの連携により、男女の雇用平等の推進、配偶者等からの暴力への対策等を強化し、「男女共同参画社会かながわ」をつくります。

【目標】男性も女性もそれぞれの能力を発揮し、互いに人権を尊重し責任を分かち合えるよう、**教育・職業・文化など様々な場面で性の違いが人生の選択に制約を加えない社会づくり**を行い、**「男女共同参画社会かながわ」**をめざします。

【方法】①男女雇用機会均等法及び県の「雇用平等推進プログラム」を踏まえて、商工労働センター等を通じて**企業への普及や研修**を行います。

②女性就業相談員による相談事業（13年度9,065件）、内職あっせん（同1,465件）、職業講座（13年度310名受講）により**女性の就業を支援**します。

③**配偶者等による暴力（ドメスティック・バイオレンス）から女性を守る**ため、ＮＰＯとも連携して、**相談窓口の整備、一時保護事業等**を行います。

【期限】18年度まで着実に実施

【財源】２億円程度／年（14年度約1.1億円）【既存事業費で対応】

図32　県内の性別・形態別雇用者数

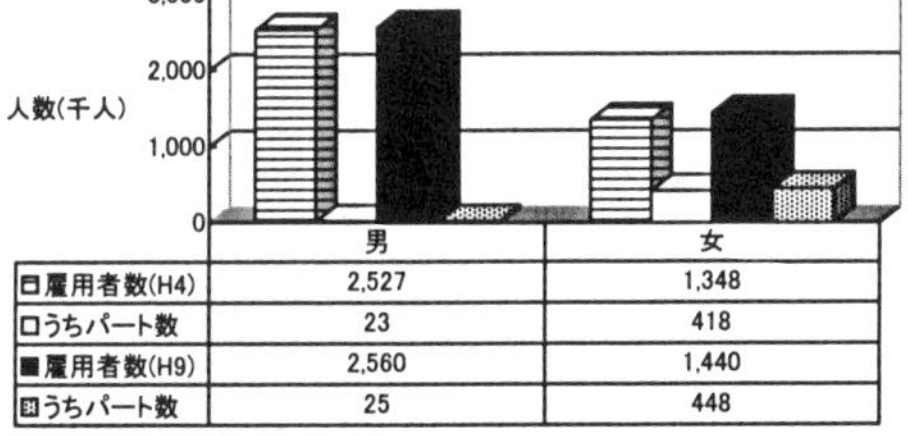

	男	女
雇用者数(H4)	2,527	1,348
うちパート数	23	418
雇用者数(H9)	2,560	1,440
うちパート数	25	448

(出典)神奈川県編『かながわの労働14年版』

政策33　個人情報の保護を重視する立場から、制度の実施状況と市町村の意見を踏まえて「住基ネット」の見直しを進めます。このため、国に対して必要な制度措置を求めるとともに、県としても必要な措置を行います。

【目標】14年度に施行された**住民基本台帳ネットワーク（住基ネット）**については、個人情報保護の観点から問題が大きいことから、今年8月の本格稼働の前に、**制度廃止を含む見直しと個人情報保護のための対応**を図ります。

【方法】①**制度の実施状況を調査するとともに、市町村の意見を十分に把握し、制度廃止、選択制の導入などの制度の見直しや、個人情報保護の抜本的な措置を国に求めます。**

②制度の十分な見直しが行われない場合、**県として個人情報保護のために必要な措置**を行います。

【期限】15年8月までに緊急の対応を行い、その後も継続的に取り組みます。

政策34　阪神淡路大震災の教訓を踏まえて、市町村の防災対策への緊急支援、広域応援体制の整備などの「地震防災対策」を計画的に実施します。

【目標】**「地域防災計画」(H12.7修正)に基づき地震防災対策を実施**し、「災害に強く安全なまちづくり」を推進します。このため、**年間21億円規模の事業を展開します。**

【方法】①災害時の情報収集体制の整備、救助・救急・消化活動体制の充実、避難対策等の地震防災事業を財政面で支援します（補助率1/2～1/3、年間20億円）。

②広域防災活動拠点の整備、七都県市などの相互応援などにより、広域応援体制を整備します。

③活断層の調査等を行い、県民に対する情報提供を行います。

【期限】18年度まで着実に実施

【財源】21億円程度／年（14年度約21億円）【従来どおり法人県民二税の超過課税による財源を活用】

図34　市町村地震防災対策緊急支援事業の実績(8～12年度計)

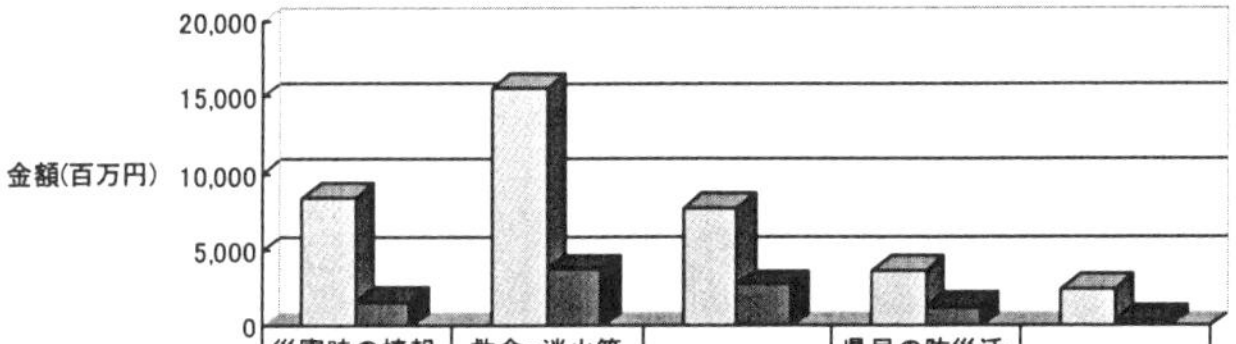

	災害時の情報体制整備	救命・消火等の体制整備	避難対策	県民の防災活動支援	その他
□補助対象事業費	8,465	15,624	7,753	3,720	2,490
■県補助金額	1,619	3,808	2,748	1,353	460

(出典)神奈川県編『かながわの防災 13 年版』

政策35　犯罪の激増と凶悪化・粗暴化に対応して、警察官の増員(1,500名)と専門能力の向上、交番の増設、交番相談員等の配置、組織の情報化等の体制整備を進め、神奈川の「安全」を取り戻します。

【目標】①神奈川は**刑法犯認知件数は 169,968 件で全国第 4 位(人口千人あたり件数は 20.02 件で全国第 9 位)で急増**しているのに対し、**検挙率は 24.5%と低い方から全国第 13 位で、年々低下**しています。**犯罪の増加を抑制するとともに、検挙率を 50%程度(H7 年並み)に回復させることにより、安全な地域づくりを進めます。**

②外国人や暴力団による組織犯罪への対応、テロ対策、銃器・薬物対策、ハイテク犯罪対策、ストーカー対策等に取り組める体制をつくります。

【方法】①**警察官の増員(1,500 名)**、教育訓練の強化、警察ＯＢ等による交番相談員の増員等により**警察の人的体制を整備**します。

②**警察署・交番等の増設(12 年 689 所→18 年 750 所、1 割増)、自治会・学校・ＮＰＯなど地域との連携を進めます。**

③情報通信機器の整備など**警察組織の情報化**を進めます。

【期限】18 年度まで着実に実施

【財源】警察費として 2,100 億円程度／年(14 年度約 1,958 億円)【一般職員人件費等の抑制で対応】

図35　刑法犯認知件数(人口千人あたり)と検挙率

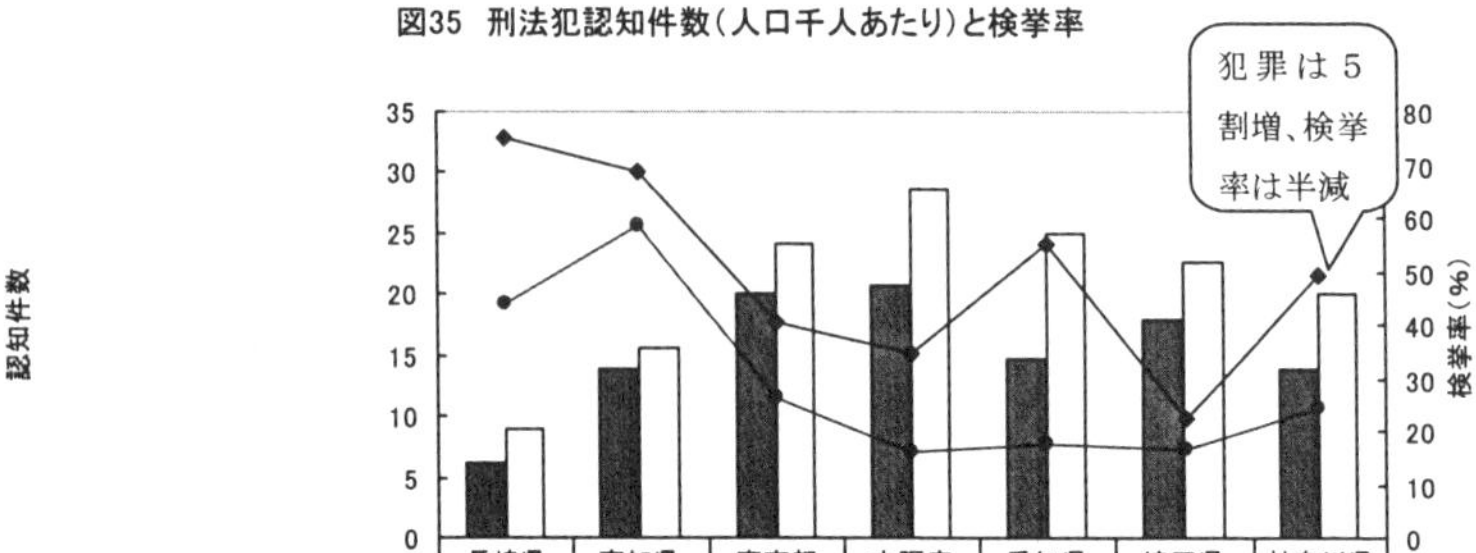

	長崎県	高知県	東京都	大阪府	愛知県	埼玉県	神奈川県
刑法犯認知件数(1995年)	6.21	13.86	19.99	20.68	14.66	18	13.83
同(1999年)	8.9	15.63	24.15	28.66	25.01	22.61	20.02
刑法犯検挙率(1995年)	75.3	68.9	40.5	34.7	55.1	22.4	49.5
同(1999年)	43.8	58.4	26.3	16.3	17.6	16.7	24.5

(出典)総務省『社会生活統計指標 2002』

政策36　暴走族が様々な犯罪を引き起こし、無関係の市民をターゲットにした凶悪事件も生じていることから、公共の場での集会の禁止、暴走のあおり行為の禁止、オートバイ等の没収（使用凍結）などを定める「暴走族根絶条例」をつくります。

【目標】神奈川の暴走族は 863 人で減少していますが、**暴走行為は 128 回と増加し、参加人員も延べ 11,383 人（12 年比 3,873 人増）と増加**しています。暴走族は、交通法規違反のほか様々な犯罪や対立抗争を行い、市民を巻き込んだ凶悪事件も生じていますし、暴力団への資金源・予備軍となっています。

そこで、**暴走族根絶条例を制定し、警察と地域が一丸となって暴走族の根絶を進めます。**

※**暴走族追放条例**は 10 の県、176 の市町村で 186 本制定されていますが、神奈川県では市町村も含めて未制定です（14 年 7 月現在、朝日新聞 14.7.29）。

【方法】①次の事項を定める暴走族根絶条例を制定し、取締りを行う。

・公共の場での集会の禁止（中止命令→違反に罰則）
・暴走行為に対するあおり行為の禁止（違反に罰則）
・整備不良車に対する給油の禁止（違反に罰則）
・　暴走行為に使用したオートバイの没収（使用凍結）　等

②警察と地域、ＮＰＯが協力して暴走族の解散等を指導し、社会復帰等を支援します。

【期限】16 年度までに制定し、17 年度から実施

【財源】警察費（前出）全体の中で対応

図36　暴走族の人員数と暴走行為件数

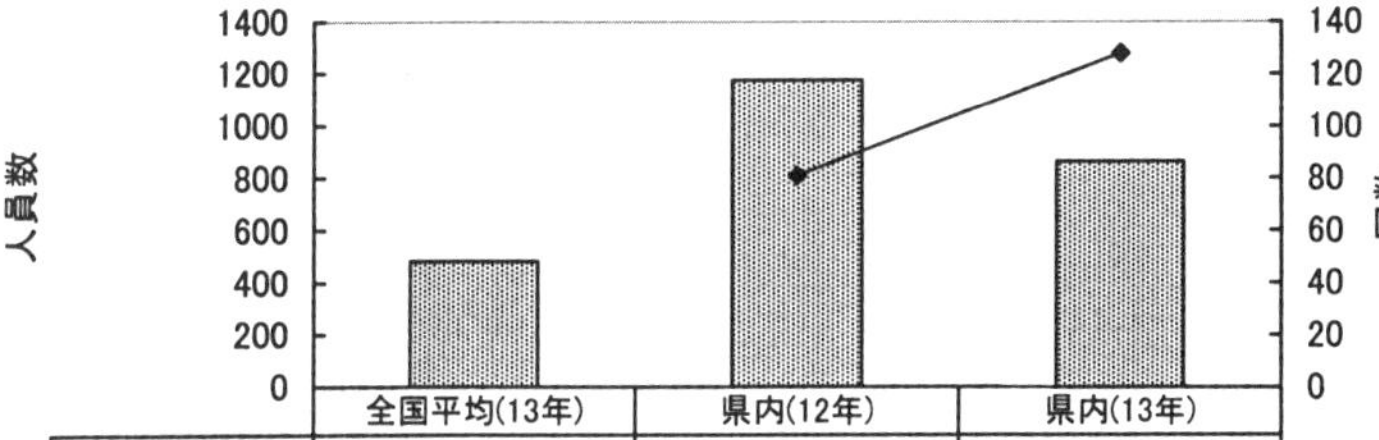

	全国平均(13年)	県内(12年)	県内(13年)
暴走族人数	482.9	1,177	863
暴走件数	-	81	128

※暴走族人数は、警察が把握した暴走族のうち、爆音を鳴らして集団暴走を繰り返す共同危険型暴走族の人数を指す。集団暴走回数は警察が現認等を行ったものに限る。

(出典)神奈川県編『かながわの青少年 14 年版』、警察庁編『警察白書 14 年版』

政策37　沖縄に次ぐ「第二の基地県」として、国に安全保障政策の強化を求めたうえで、米軍基地の整理縮小・返還を進めるとともに、厚木基地におけるＮＬＰの廃止・移転を促進し、県民の安全で静かな暮らしを取り戻します。

【目標】①国の安全保障を確実にするために、**緊急事態法の早期制定を要求し、その中で県の役割を明確化し**ｓます。

②現在、県内には 16 施設、21.4 ㎞ ² の米軍基地があり、沖縄県（35 施設）に次ぐ「第二の基地県」として、県民生活の安全や平穏、利便性を妨げてきました。特に厚木基地におけるＮＬＰ（夜間連続離発着訓練）は激しい騒音被害をもたらしています。今後、上瀬谷通信基地等の施設返還が喧伝される状況を踏まえて**米軍基地の縮小返還を進めるとともに、ＮＬＰの廃止・移転を求めます。**

【期限】18 年度まで継続的に努力

【財源】500 万円程度／年（14 年度 320 万円）

図37-1　県内の米軍基地の状況

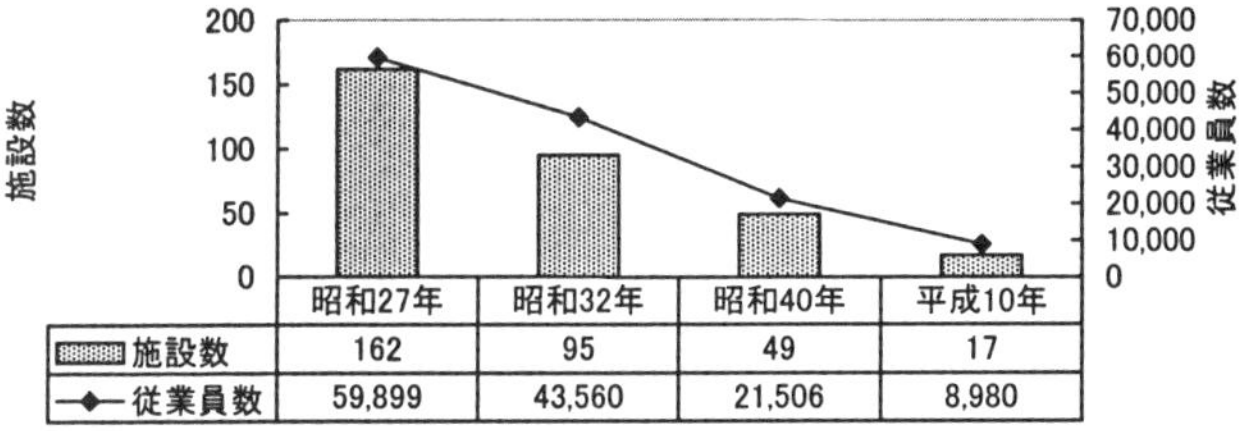

	昭和27年	昭和32年	昭和40年	平成10年
施設数	162	95	49	17
従業員数	59,899	43,560	21,506	8,980

(出典)神奈川県編『図説かながわのまち解体新書』1999 年

図37-2　厚木基地周辺の苦情件数

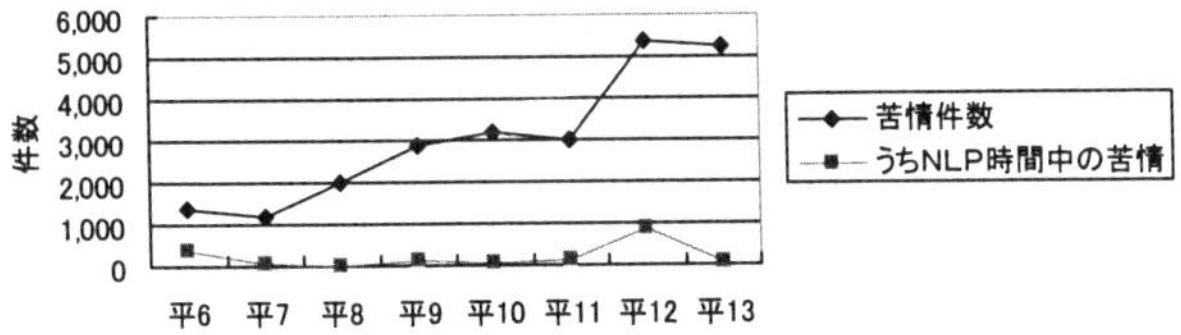

(出典)神奈川県編「県のたより」2003年2月号

図 37-3　県内の米軍基地配置図

(出典)『かながわ新総合計画21』9年

松沢しげふみ・神奈川力《りょく》宣言
マニフェスト（政策宣言）

―神奈川力で日本を動かす―

目　次

平成15年3月

神奈川力をつくる会

著者紹介

松沢　成文(まつざわ　しげふみ)

【経歴】

1958年(昭和33年)	4月2日 神奈川県川崎市に生まれる。
1982年(昭和57年)	慶應義塾大学法学部政治学科卒業 (在学中)米国グリーンリバー大学に留学
1982年(昭和57年)	財団法人松下政経塾 入塾 米国経験(米連邦下院議員のスタッフとして活動)
1987年(昭和62年)	神奈川県議会議員
1991年(平成3年)	同　2期目
1993年(平成5年)	衆議院議員(神奈川2区)
1996年(平成8年)	同　(神奈川9区)2期目
2000年(平成12年)	同　(神奈川9区)3期目
2003年(平成15年)	神奈川県知事に就任

【著書】

『この目で見たアメリカ連邦議員選挙』(中公新書)、『最年少議員の奮闘記ー地方からの政治改革』(ぎょうせい)、『どこへ行く高等学校』(教育出版センター)、『僕は代議士一年生』(講談社)、『拝啓　小沢一郎党首殿』(ごま書房)、『挑戦者ー民主党党首選に挑んだ10日間ー』〈マンガ〉原作 松沢成文・作画 籐堂りょう (ごま書房)、『郵政民営化論ー日本再生の大改革!』小泉純一郎氏との共編(ＰＨＰ研究所)

【趣味】

スポーツ、映画鑑賞

【座右の銘】

「運と愛嬌」

実践 ザ・ローカル・マニフェスト

2005年4月25日　初 版 第1刷発行　〔検印省略〕

＊定価はカバーに表示してあります

著者 © 松沢成文　発行者 下田勝司　印刷・製本 中央精版印刷

東京都文京区向丘1-20-6 郵便振替 00110-6-37828
〒113-0023 TEL (03) 3818-5521(代) FAX (03) 3818-5514
E-Mail tk203444@fsinet.or.jp

発行所 株式会社 東信堂

Published by TOSHINDO PUBLISHING CO., LTD.
1-20-6, Mukougaoka, Bunkyo-ku, Tokyo, 113-0023, Japan

http://www.toshindo-pub.com/

ISBN4-88713-608-0 C0031

東信堂

東京裁判から戦後責任の思想へ〔第四版〕	大沼保昭	三二〇〇円
〔新版〕単一民族社会の神話を超えて	大沼保昭	三六八九円
なぐられる女たち—世界女性人権白書	米国国務省 有澤・小寺・鈴木・米田 訳	二八〇〇円
国際人権法入門	T・バーゲンソル 小寺初世子 訳	二八〇〇円
摩擦から協調へ—ウルグアイラウンド後の日米関係	中川淳司 T・ショーエンバウム 編著	三八〇〇円
不完全性の政治学—イギリス保守主義思想の二つの伝統	A・クイントン 岩重政敏 訳	二〇〇〇円
入門 比較政治学—民主化の世界的潮流を解読する	H・J・ウィーアルダ 大木啓介 訳	二九〇〇円
国家・コーポラティズム・社会運動—制度と集合行動の比較政治学	桐谷仁	五四〇〇円
ポスト社会主義の中国政治—構造と変容	小林弘二	三八〇〇円
クリティーク国際関係学	関下稔・永田秀樹・中川涼司 編	二二〇〇円
軍縮問題入門〔第二版〕	黒沢満 編著	二三〇〇円
時代を動かす政治のことば—尾崎行雄から小泉純一郎まで	読売新聞政治部 編	一八〇〇円
明日の天気は変えられないが明日の政治は変えられる	岡野加穂留	二〇〇〇円
ハロー！衆議院	衆議院システム研究会 編	一〇〇〇円
〔現代臨床政治学シリーズ〕		
リーダーシップの政治学	石井貫太郎	一六〇〇円
アジアと日本の未来秩序	伊藤重行	一八〇〇円
〔現代臨床政治学叢書・岡野加穂留監修〕		
村山政権とデモクラシーの危機	岡野加穂留・藤本一美 編著	四二〇〇円
比較政治学とデモクラシーの限界	岡野加穂留・大六野耕作 編著	四二〇〇円
政治思想とデモクラシーの検証	岡野加穂留・伊藤重行 編著	三八〇〇円
〔シリーズ〈制度のメカニズム〉〕		
アメリカ連邦最高裁判所	大越康夫	一八〇〇円
衆議院—そのシステムとメカニズム	向大野新治	一八〇〇円
WTOとFTA—日本の制度上の問題点	高瀬保	一八〇〇円

〒113-0023 東京都文京区向丘1—20—6 ☎03(3818)5521 FAX 03(3818)5514 振替 00110-6-37828
E-mail:tk203444@fsinet.or.jp

※定価：表示価格（本体）＋税